Konstantin Niehaus

Freuds Modell der „Übertragung und Gegenübertragung“ in der Sozialen Arbeit

Konstantin Niehaus

Freuds Modell der „Übertragung und Gegenübertragung" in der Sozialen Arbeit

GESELLSCHAFTSWISSENSCHAFTEN

Covergestaltung unter Verwendung eines Photos von www.photocase.com

Konstantin Niehaus

Freuds Modell der „Übertragung und Gegenübertragung" in der Sozialen Arbeit

1. Auflage 2009 | ISBN: 978-3-86815-133-6

Die Deutsche Bibliothek verzeichnet diesen Titel in der Deutschen Nationalbibliografie. Bibliografische Daten sind unter http://dnb.ddb.de verfügbar.

„Machen wir uns klar, daß jeder Mensch durch das Zusammenwirken von mitgebrachter Anlage und von Einwirkungen auf ihn während seiner Kinderjahre eine bestimmte Eigenart erworben hat, wie er das Liebesleben ausübt, also welche Liebesbedingungen er stellt, welche Triebe er dabei befriedigt und welche Ziele er sich setzt."

In: Sigmund Freud: „Zur Dynamik der Übertragung"

Inhaltsverzeichnis

Abbildungsverzeichnis

Vorwort

Im täglichen Leben kommt es immer wieder vor, dass wir mit anderen Menschen an einen Punkt gelangen, an dem jegliche Kommunikation und damit auch Beziehung zueinander in einem „Knoten“ steckt. Die jeweilig vorliegende Situation der miteinander verbundenen Partner ist dann festgefahren und bedarf eines Ansatzes, der diesen „Knoten“ lösen kann. Auch im Bereich der professionellen Sozialen Arbeit kann eine solche Situation leicht entstehen.

So geschehen ist dies auch während der Projektarbeit einer Bekannten in einer sozialen Einrichtung. Sie hatte zu beklagen, dass sie in Gesprächen mit einer Besucherin der Einrichtung verbal und emotional keinen Zugang mehr zu dieser finden konnte. Nachdem alle bisherigen Gesprächsansätze ergebnislos verlaufen waren, war sie auf der Suche nach einer neuen Möglichkeit, eine solche Situation zu lösen. In einem Seminar an der Fachhochschule Oldenburg/Ostfriesland/Wilhelmshaven (Standort Emden) stellte Prof. Gerlach zur Lösung des Problems die Übertragung und Gegenübertragung als möglichen Ansatz vor.

Fasziniert von dieser Art, sich Menschen zu nähern, ohne sie zu manipulieren, beschloss ich, die so erworbenen Kenntnisse zu vertiefen und die Anwendbarkeit des Freudschen Ansatzes in der Sozialen Arbeit ausführlich zu erarbeiten.

Ich wünsche meinen Lesern interessante Erkenntnisse und Anregungen.

1. Einleitung

Eine Grundannahme der Psychoanalyse[1] ist die „Annahme des Bestehens und Wirkens unbewusster Prozesse. Damit ist gemeint, dass menschliches Erleben, Selbsterleben und Verhalten nicht nur von unbewussten Intentionen, sondern auch von unbewussten oder genauer von unbewusst gewordenen Erfahrungen, Wünschen oder Ängsten bestimmt wird.“[2]

Diese Grundannahme der Psychoanalyse, wie sie vor allem von Stemmer-Lück[3] vertreten wird, ist der entscheidende Ausgangspunkt der vorliegenden Studie. Es wird daher im Folgenden zunächst das Wesen der Psychoanalyse erläutert, um auch dem auf diesem Gebiet nicht dezidiert vorgebildeten Leser einen grundlegenden Überblick zu verschaffen. Verschiedene psychoanalytische Grundannahmen und Themen werden aufgezeigt, miteinander verglichen und nachvollziehbar gemacht.

Im Hauptteil (Kapitel 3) wird der psychoanalytische Ansatz der Übertragung und Gegenübertragung nach Freud vorgestellt und näher ausgeführt. Er bildet das Herzstück der Arbeit und wird daher in seiner Theorie ausführlich erläutert. Der definitorische Umriss wird mit der Erläuterung von Zugangspunkten in der Therapie verknüpft, bevor im weiteren Verlauf der Studie die Anwendungsmöglichkeiten

---

1 „Psychoanalyse ist der Name 1. eines Verfahrens zur Untersuchung seelischer Vorgänge, welche sonst kaum zugänglich sind; 2. einer Behandlungsmethode neurotischer Störungen, die sich auf diese Untersuchung gründet; 3. eine Reihe von psychologischen, auf solchem Wege gewonnenen Einsichten, die allmählich zu einer neuen wissenschaftlichen Disziplin zusammenwachsen“, in: Freud, Sigmund, gesammelte Werke, Band XIII, Jenseits des Lustprinzips und andere Arbeiten aus den Jahren 1920- 1924, Fischer Verlag, Auflage 7, Dezember 2005, S. 209- 233

2 Stemmer-Lück, Magdalena, Beziehungsräume in der Sozialen Arbeit, Psychoanalytische Theorien und ihre Anwendung in der Praxis, Kohlhammer Verlag, 2004, Stuttgart, S. 18

3 Magdalena Stemmer-Lück, Dr. Dipl. Psychologin, Psychoanalytikerin

des therapeutischen Modells in Bereichen der Sozialen Arbeit dargestellt werden. Es wird überprüft, ob bereits eine Vernetzung zwischen Psychoanalyse und Sozialer Arbeit stattfindet und die Bedeutung psychoanalytischer Ansätze für die Soziale Arbeit herausgestellt.

Nachdem die Anwendbarkeit des Freudschen Ansatzes in der Sozialen Arbeit theoretisch erörtert wurde (Kap. 4), wird sie empirisch überprüft und evaluiert. Anhand einer qualitativen Erhebung unter Sozialarbeitern in sozialen Einrichtungen für psychisch erkrankte Menschen wird im fünften Kapitel geklärt, inwieweit heutige Sozialarbeiter mit der Theorie der Übertragung und Gegenübertragung vertraut sind und wie sich die Umsetzung in der Praxis konkret gestalten kann. Anschließend werden im sechsten Kapitel die Folgen von misslungener Übertragung und Gegenübertragung anhand eines Beispiels dargestellt und bewertet.

In Kapitel sieben wird die Legitimität der Anwendung des Freudschen Ansatzes innerhalb der Sozialen Arbeit diskutiert. In diesem Zusammenhang wird auch erörtert, ob und wie eine zusätzliche Qualifizierung von Sozialarbeitern diese in besserem Maße in die Lage versetzen könnte, bei vorkommenden Übertragungen adäquat zu reagieren und mit Einblicken in das Bewusstsein des Gegenübers angemessen umzugehen.

In diesem Sinne schließt die Arbeit mit einem anregenden Ausblick auf verschiedene Anwendungsmöglichkeiten des Ansatzes von Übertragung und Gegenübertragung innerhalb der Sozialen Arbeit.

2. Grundbegriff Psychoanalyse

In diesem Kapitel wird der Begriff „Psychoanalyse“ definiert und auf seine wichtigsten Aspekte eingegangen. Das Konzept der Psychoanalyse wird in seinen wissenschaftlichen Kontext eingeordnet und in seinen Grundannahmen vorgestellt.

2.1. Der Grundbegriff

Begibt man sich auf die Suche nach einer Definition der Psychoanalyse, stellt sich schnell heraus, dass sich in der Fachliteratur bisher noch keine einheitliche Definition durchgesetzt hat.[4]

Für eine definitorische Formel ist es notwendig, den Ort der Psychoanalyse innerhalb eines Pools von wissenschaftlichen Disziplinen zu bestimmen und zu beachten, welche Definitionen die Wissenschaft bislang hervorgebracht hat. Dabei ist es unerlässlich zu unterscheiden, aus welcher Disziplin die jeweilige Definition stammt. Essentiell ist hier, aus welcher Sicht sich dem Gegenstand jeweils genähert wird, denn diese ist je nach Fachrichtung durchaus einseitig und festgeschrieben.[5]

Laut Stemmer-Lück ist eine genaue Definition von Psychoanalyse schwierig, da sie ein „umfassendes, schillerndes „Wesen“ ist, welches sich seit der Gründung von Vater

---

[4] Freud definiert bspw., dass „die Psychoanalyse“ [...] ein Verfahren [sei], wie man nervös Kranke ärztlich behandelt,[...]“ - Freud, Sigmund, gesammelte Werke, Band XI, Vorlesungen zur Einführung in die Psychoanalyse, Fischer Verlag, Auflage 7, Dezember 2005, S. 7 ; Salzberger-Wittenberg dagegen „[...] bezeichnet [in der Psychoanalyse] zum ersten ein System von Erkenntnissen und Theorien über psychische und emotionale Zustände und zweitens eine bestimmte Methode therapeutischen Vorgehens.“ Salzberger-Wittenberg, Isca, Die Psychoanalyse in der Sozialarbeit, Ernst Klett Verlag, 1973, Stuttgart, S. 9

[5] vgl. FN 4

Freud[6] enorm weiter entwickelt und ausdifferenziert hat, sich ständig verändert und sich je nach Betrachtungswinkel anders darstellt."[7]

Eben dieser Begründer Sigmund Freud[8] sagte über die Psychoanalyse, dass es in der analytischen Behandlung um nichts anderes gehe, als um einen Austausch von Worten zwischen dem Analysierten und dem Arzt. Der Patient[9] erzähle hierbei von vergangenen Erlebnissen und gegenwärtigen Eindrücken, und bekunde im besten Falle seine Wünsche und Gefühlsregungen. Der Arzt versuche die Gedankengänge des Patienten zu dirigieren, „gibt ihm Aufklärungen und beobachtet die Reaktionen von Verständnis oder von Ablehnung, welche er so bei dem Kranken hervorruft."[10]

Unverzichtbar für eine Definition ist die Annahme, dass die Entwicklung eines Menschen ein lebenslanger Prozess ist, der ständig und in unmittelbaren Zusammenhang mit der Beziehung und indirekt auch mit gesellschaftlichen Aspekten vor sich geht. Die Entwicklung der Psyche erschließt sich daher aus differenzierten Prozessen, die nicht abgeschlossen werden, sondern sich in einem ständigen Wandel befinden.

---

6 Freud erwähnte den Begriff der Übertragung 1895 in den „Studien über Hysterie"; vgl. FN 13

7 Stemmer-Lück, Magdalena, Beziehungsräume in der Sozialen Arbeit, Psychoanalytische Theorien und ihre Anwendung in der Praxis, Kohlhammer Verlag, 2004, Stuttgart, S. 15

8 Sigmund Freud, (1859- 1939), bedeutender Tiefenpsychologe, Begründer vieler Psychoanalytischer Ansätze, einer der bedeutendsten Denker des 20. Jahrhunderts.

9 Im therapeutischen Setting „Patient/in", im sonstigen Setting „Klient/in"

10 Freud, Sigmund, gesammelte Werke, Band XI, Vorlesungen zur Einführung in die Psychoanalyse, Fischer Verlag, Auflage 7, Dezember 2005, S. 9

2.2. Wissenschaftliche Verortung

Um den Begriff der Psychoanalyse besser verstehen zu können, ist die Klärung ihrer Stellung innerhalb der Wissenschaften unabdingbar.

Die Psychoanalyse bewegt sich auf den Grenzgebieten verschiedener wissenschaftlicher Disziplinen. Daher werden in diesem Abschnitt die unterschiedlichen Verständnisse des Konzepts Psychoanalyse verschiedener Disziplinen beleuchtet.

Einige Wissenschaftler ordnen die Psychoanalyse in einem Dreieck zwischen den Wissenschaften Biologie, Soziologie und Psychologie an, laut Kutter bspw. stellt sich die Psychoanalyse in Form von sich überschneidenden Kreisen dar:

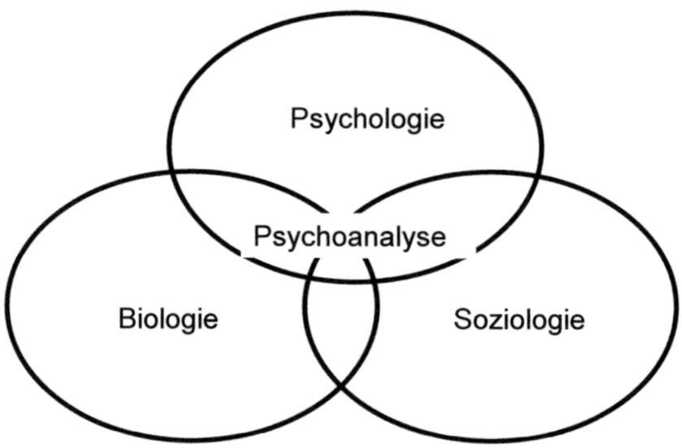

Abb. 1: Die Psychoanalyse als System zwischen den Systemen benachbarter Wissenschaften[11]

Kutter ist der Meinung, dass sich die Psychoanalyse als ein System zwischen diesen drei Einzelsystemen befinde,

[11] Kutter, Peter, Moderne Psychoanalyse, Eine Einführung in die Psychologie unbewusster Prozesse, Klett- Cotta Verlag, Auflage 3, Juli 2000, S. 83

jedoch keinesfalls identisch mit einer dieser Disziplinen sei.

Dass die Psychoanalyse wie im Schaubild in der Mitte der drei Wissenschaften angesiedelt ist und somit offensichtlich auch ein direkter Bezug zu jeder einzelnen bestehe, lasse sich folgendermaßen erklären:

- **Biologische Prozesse** bestimmen die Entwicklungsphasen eines Menschen. So durchleben Menschen im Laufe ihrer Jugend z.B. hormonelle Veränderungen, die den Körper als auch das Verhalten prägen.
- Ebenso werden das Verhalten und das Sein des Menschen durch **soziologische Prozesse** geformt und beeinflusst. Seine ständige charakterliche Neubildung wird durch soziologische Einflüsse wie das Lebensumfeld und alle gesellschaftlichen Gegebenheiten unabdingbar mit bestimmt. Die Veränderung des Menschen geschieht permanent und in Interaktion des Individuums mit seinem Umfeld.
- In der **Psychologie** beschäftigt man sich ebenso wie in der Psychoanalyse mit dem menschlichen Erleben und Verhalten.

Somit ist der direkte Bezug zwischen der Wissenschaft, Psychologie und der Teilwissenschaft Psychoanalyse schon in seinen Grundsätzen gefunden. Das Erleben und Verhalten eines Menschen interagiert ständig miteinander und ist, wie schon angedeutet, ein lebenslanger Prozess, der einen Menschen prägt.

2.3. Die Grundannahmen

Der Psychoanalyse liegen einige wichtige Grundannahmen zugrunde.

Zwei dieser Grundannahmen sind besonders im Zusammenhang der Fragestellung dieser Studie von großer Bedeutung und sollen daher an dieser Stelle hervorgehoben werden.

Mit der Zuordnung der Psychoanalyse zu einer Schnittmenge benachbarter Wissenschaftsdisziplinen wird schon die erste Grundannahme deutlich:

„Menschliche Entwicklung geschieht in dem Zusammenwirken von Reifungsaspekten, mit Aspekten der Beziehung, welche auch gesellschaftliche Momente mit einschließen."[12]

Diese Zusammenfassung von Stemmer-Lück zeigt erneut deutlich, wie die Psychoanalyse mit den drei genannten Wissenschaften verbunden ist und auf welche Weise diese interagieren.

Die **„Reifungsaspekte"** sind Aspekte der Entwicklung, die der Biologie zuzuordnen sind. Der Mensch entwickelt sich weiter und verändert sich sowohl physisch als auch in mentaler/kognitiver Hinsicht.

Der Grundaspekt der **„Beziehung"** ist der Psychologie zuzuordnen, denn diese Wissenschaft befasst sich in ihren Grundsätzen genau mit diesen Beziehungen und Interaktionen.

---

12 Stemmer-Lück, Magdalena, Beziehungsräume in der Sozialen Arbeit, Psychoanalytische Theorien und ihre Anwendung in der Praxis, Kohlhammer Verlag, 2004, Stuttgart, S. 17

Die **„gesellschaftlichen Momente“**, die in der Zusammenfassung zu den Aspekten der Beziehung genannt werden, lassen sich der Soziologie zuordnen. Diese befasst sich mit dem gesellschaftlichen Umfeld des Menschen und mit den verschiedensten Beziehungsgeflechten innerhalb von diesem.

Eine weitere Grundannahme der Psychoanalyse beinhaltet das eingangs im Zitat schon erwähnte „Bestehen und Wirken unbewusster Prozesse.“[13]

Dieses bedeutet, dass nicht nur bewusste Intentionen unser Fühlen, Denken und Erleben steuern, sondern auch unbewusste Intentionen ihren Teil dazu beitragen. Wie dieses geschieht, wird in der Folge der Arbeit im Kapitel 3.2.1. expliziter erörtert und soll hier noch nicht vorweggenommen werden.

---

[13] Ebenda, Stemmer-Lück, S. 18, bzw. S. 1 dieser Arbeit

3. Die psychoanalytische Theorie der Übertragung und Gegenübertragung

Nachdem der Begriff der Psychoanalyse in seinen Grundzügen erläutert wurde, kann nun zu der Theorie der Übertragung und Gegenübertragung selbst übergegangen werden.

Zunächst wird ein geschichtlicher Grundriss zeigen, wann der Ansatz aufgekommen ist und in welcher Form er in der Folge Anwendung gefunden hat, bevor Definitionen ein klares Bild dessen geben sollen, was der Ansatz beinhaltet. Hierbei werden neben möglichen Zugangspunkten auch Anwendungsgebiete beim Klienten erläutert. Im Anschluss werden Beispiele die bisher erläuterten Aspekte veranschaulichen.

3.1 Geschichtlicher Grundriss

Sigmund Freud gilt als „Entdecker" des psychoanalytischen Ansatzes der Übertragung und Gegenübertragung. Erstmals erwähnte er den Begriff der Übertragung 1895 in den „Studien über Hysterie"[14]. Damals war er den intensiven Beziehungsphantasien und auch drängenden Beziehungswünschen seiner damals überwiegend weiblichen Patienten begegnet. Dabei war er einerseits der Meinung, dass die Phantasien seine Behandlung behindern würden, andererseits glaubte er, dass sie bedeutsame Informationen enthielten, auch wenn sie augenscheinlich nur auf den Therapeuten[15] gerichtet waren. Freud nannte die Ü-

[14] Breuer, Josef und Freud, Sigmund, Studien über Hysterie, Fischer Verlag, 6. Auflage, Frankfurt, Mai 1991

[15] Statt „Therapeut" wird zeitweise, wenn es nicht nur rein um ein therapeutisches Setting geht, auch der Begriff „Analytiker" verwendet.

bertragungen seiner Patienten „falsche Verknüpfungen“[16]. [17]

Freud betonte in der Folge, dass diese falschen Verknüpfungen nicht ausschließlich negativ zu bewerten seien, sondern richtig verstanden sogar für die Unterstützung der Patienten bei der Bewältigung ihrer Konflikte hilfreich sein könnten.

Um die Geschichte und eine Definition des Ansatzes der Gegenübertragung darzustellen, ist ein Zitat aus einem Freudschen Vortrag auf dem internationalen Psychoanalytischen Kongress in Nürnberg 1910 angebracht:

„ Wir sind auf die Gegenübertragung aufmerksam geworden, die sich beim Arzt durch den Einfluss des Patienten auf das unbewusste Fühlen des Arztes einstellt, und sind nicht weit davon, die Forderung zu erheben, dass der Arzt diese Gegenübertragung in sich erkennen und bewältigen müsse. Wir haben [...] bemerkt, dass jeder Psychoanalytiker nur so weit kommt, als seine eigenen Komplexe und inneren Widerstände es gestatten.“[18]

Was Freud hier in seinem Vortrag das erste Mal öffentlich erwähnte, wird im Laufe des 20. Jahrhunderts ein Teil eines häufig angewandten psychoanalytischen Ansatzes. Im privaten Umfeld hatte Freud die Übertragung und Gegenübertragung schon bei einem Fall ins Gespräch gebracht, bei dem ein Therapeutenfreund Freuds eine Affäre mit seiner Patientin gehabt haben soll.

---

16 Ebenda, Breuer und Freud, S. 66

17 Emotionen werden demnach falsch mit früheren, unbewussten Emotionen verbunden. Ort, Zeit und Situation stimmen nicht und werden von der früheren Situation auf die jetzige projiziert.

18 Studienausgabe Ergänzungsband, Schriften zur Behandlungstechnik, Fischer Verlag, Frankfurt, 2000, S. 126

3.2. Definitionen

Die Wortwahl „Übertragung und Gegenübertragung“ lässt den Schluss zu, dass es sich um ein Paket von wechselseitigen Vorgängen handelt.

Das Phänomen der Übertragung und Gegenübertragung kommt ausschließlich unter Umständen einer sehr intensiven, von heilerischen Zusammenhängen geprägten zwischenmenschlichen Beziehung zustande. So kann sie im Alltagsleben wie auch in dafür geschaffenen Freiräumen, z.B. geplanten, inszenierten Gesprächen, zum Tragen kommen.

Um die Begriffe der Übertragung und Gegenübertragung bestmöglich darstellen zu können, lassen sich Definitionen aus dem therapeutischen Setting[19] verwenden. Hier herrscht das klassische Bild vom Therapeuten auf der einen und dem Patienten auf der anderen Seite vor, wobei der Therapeut scheinbar gefühlsneutral und die emotionale Situation beherrschend über dem Patienten steht.

Um die Situation anschaulich zu machen, wird sie in der Folge mit Hilfe einer Grafik visualisiert.

Hierbei ist der Therapeut größer dargestellt als der Patient. Dies soll jedoch nicht den Eindruck einer Übermacht des Therapeuten zeigen.

---

[19] Das „Gesetzte“; „Vorausgesetzte“, in: Duden, 24. Auflage, Verlag Bibliographisches Institut, 2007

3.2.1. Übertragung

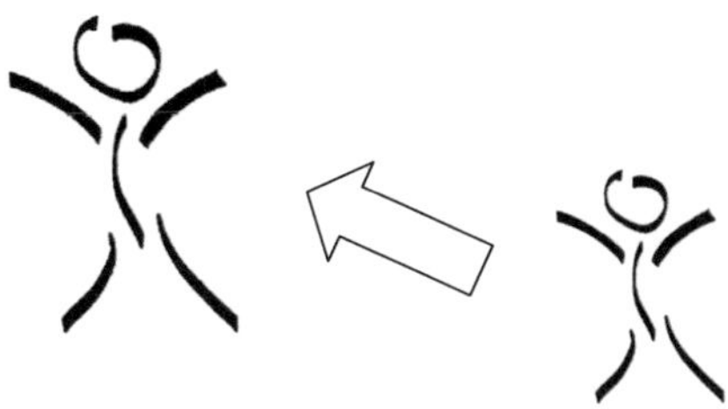

Abb. 2: Übertragung

Als Übertragung wird im psychoanalytischen Kontext ein Affekt verstanden, der bei einem Klienten im Zuge seiner Therapie vorkommen kann und aus der heutigen Sicht im besten Fall auch vorkommen sollte. Der Patient schildert dem Therapeuten Geschichten und Darstellungen aus seiner Vergangenheit und erfährt dadurch tief verborgene Gefühle und Empfindungen, die er vorher nicht klar definieren konnte.

In der Folge gilt es nun für den Therapeuten, die Empfindungen zu erkennen, sie zu benennen und zu ergründen, woher diese stammen.

Hierbei geht es um eine emotionale Bewusstmachung und Durcharbeitung der früheren Erfahrungen, nicht jedoch um eine rein kognitive Aufklärung. Es geht um Übertragung von Beziehungsmustern. Dabei müssen Gefühle nicht immer etwas mit der Persönlichkeit des Menschen zu tun haben, sondern entstehen vielmehr dadurch, dass er „gerade jetzt eine bestimmte Beziehung erlebt, in der diese Gefühle wiedererwachen.“[20]

[20] Salzberger-Wittenberg, Isca, Die Psychoanalyse in der Sozialarbeit, Ernst Klett Verlag, 1973, Stuttgart, S. 23

Da die vorher unbewussten und verborgenen Gefühle den Klienten bisher bedrückten, ist der Prozess der Übertragung im Rahmen einer Therapie durchaus erwünscht, denn mit ihm kann eine Last von dem Klienten abfallen.

Man unterscheidet in der Fachwelt zwischen positiver und negativer Übertragung. Bei positiver Übertragung ist es oft der Fall, dass Gefühle wie Liebe oder Zuneigung übertragen werden. Analog werden bei einer negativen Übertragung Hassgefühle und eben Abneigung übertragen und dem Gegenüber zuteil.

Die Übertragung lässt sich darstellen als eine „Manifestation[21] des Unbewussten“[22].

Doch auf das Unbewusste als Erklärung für eine stattfindende Übertragung sollte noch tiefgehender eingegangen werden.

Es ist wissenschaftlich erwiesen, dass beim Menschen unbewusste Prozesse wirken und beständig aktiv sein können.

Die untenstehende Schautafel veranschaulicht grafisch die Einordnung des Unbewussten in den Kontext des gesamten Bewusstseins des Menschen. Sie wurde ursprünglich von Freud[23] erstellt und von Müller-Pozzi[24] übernommen und modifiziert.

---

21 Manifestationen= Sichtbare oder erkennbare Dinge

22 Stemmer-Lück, Magdalena, Beziehungsräume in der Sozialen Arbeit, Psychoanalytische Theorien und ihre Anwendung in der Praxis, Kohlhammer Verlag, 2004, Stuttgart, S. 23

23 Köhler, Thomas, Freuds Psychoanalyse, Eine Einführung, Kohlhammer Verlag, 2007, Stuttgart, S. 27

24 Heinz Müller-Pozzi, Dr. Phil. , Psychoanalytiker

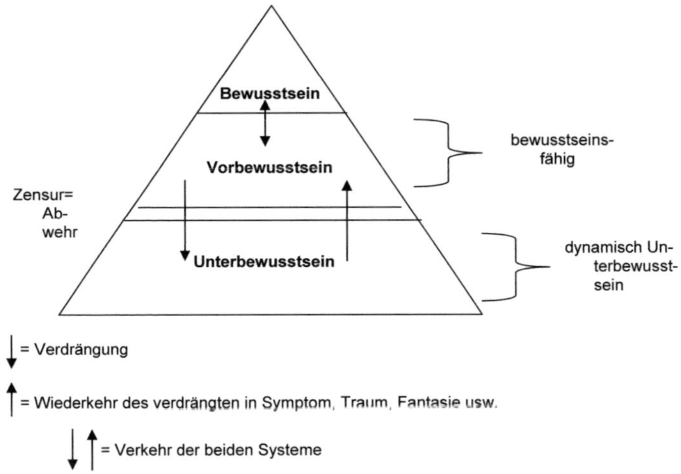

Abb. 3: Das topische Modell des Unterbewussten[25]

In dem Schaubild ist zu erkennen, dass zwischen Bewusstsein und Unterbewusstsein ein Vorbewusstsein herrscht. Dieses ist zunächst ebenso wie das Unterbewusstsein inaktiv, jedoch ständig abrufbar.

Es herrscht ein reger Fluss von Gedanken und Vorstellungen zwischen Vorbewusstsein und Bewusstsein, die beliebig hin und her geschoben werden können.

Zwischen Vorbewusstsein und Unterbewusstsein befindet sich jedoch eine Art Schranke, die nicht alles Vorbewusste in das Unterbewusstsein lässt. Bei allem, was unser Leben erheblich stören könnte oder beeinträchtigen würde, wird versucht, es gar nicht erst in das Unterbewusstsein zu lassen und es so bald wie möglich wieder aus dem Bewusstsein zu entfernen.

---

25 Müller-Pozzi, Heinz, Psychoanalytisches Denken, eine Einführung, Huber Verlag, September 2002, Bern, S. 56 ; ebenso Koch, Karl, Gegenübertragungsanalyse, Vandenhoeck Verlag, Göttingen, 1993, S. 16

Die Verdrängung, welche sich auf das Unterbewusstsein bezieht, ist jedoch nun der Punkt, wo die Übertragung ansetzt, denn sie gelingt fast nie vollständig. Die unbewussten Gedanken kehren unwillkürlich als Symptom, Traum, Fantasie oder aber auch anlässlich einer geplanten Inszenierung – im Rahmen einer Therapie – In Form von Übertragung und Gegenübertragung wieder.

Durch diese Inszenierung erfolgt eine Manifestation des Unbewussten. Sie spielt eine wichtige Rolle innerhalb der Psychoanalyse und in einem therapeutischen Setting und findet häufige Anwendung unter Psychologen.

Doch hier ist unbedingt klarzustellen, dass eine solche Übertragung durch das Unbewusste auch alltäglich stattfinden kann und durchaus auch stattfindet.

Allerdings ist es eine große Herausforderung, Aussagen oder das Verhalten eines Gegenübers dem Unterbewussten zuordnen zu können und das Phänomen einer Übertragung zu identifizieren.

Es wurde festgestellt, dass Übertragung vom Patienten bzw. Klienten ausgeht. Gegenübertragung hingegen spiegelt das genaue Gegenteil wider, also eine Übertragung vom Therapeuten auf den Patienten.

3.2.2. Gegenübertragung

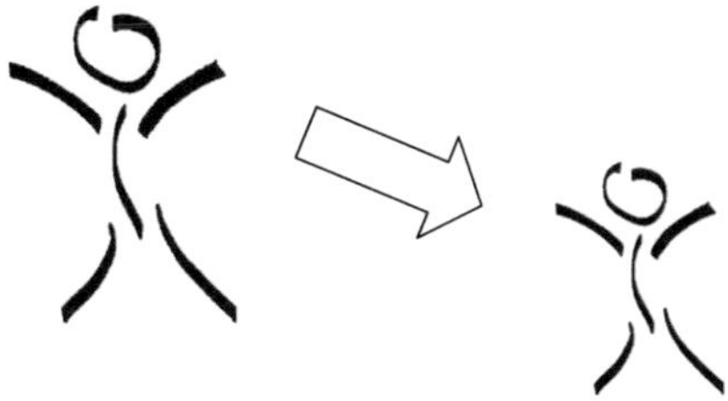

Abb. 4: Gegenübertragung

Als Gegenübertragung wird ein mögliches Verhalten beim Therapeuten verstanden. Der Therapeut kann im Zuge einer Therapie Gefühle wie Hass oder Abneigung gegenüber dem Klienten entwickeln. Es kann sich dabei wie bei der Übertragung des Patienten um Emotionen handeln, die bisher verdrängt oder unbewusst waren. Durch bestimmte Äußerungen oder Gefühlslagen des Klienten werden bei dem Therapeuten solcherart Zustände oder Emotionen ausgelöst, die es zu verstehen gilt. Der Therapeut muss sich bewusst darüber werden, woher die auf diesen Gefühlen folgende Empfindung für den Klienten rührt.

Zur Wirkungszeit Sigmund Freuds galt die Gegenübertragung als „unschicklich“[26] und die Therapie behindernd. Sie wurde als eine Ansammlung von Gefühlen des Therapeuten definiert, die aus seiner eigenen bewältigten Vergangenheit stammen. Sie seien in der analytischen Situa-

[26] Spengler, Katrin, Wagner, Sabine, Wenn der Spiegel lebt; Psychoanalytiker sprechen über Gegenübertragung, Wissenschaft und Praxis Verlag, Ludwigsburg- Berlin, 1995, S. 66

tion zu unterdrücken, auch wenn sie als Resonanz auf das Gespräch mit dem Patienten entstünden.

Freud definiert die Gegenübertragung als einen „Einfluss des Patienten auf das unbewusste Fühlen des Arztes“[27]. Der Arzt[28] müsse diese Gegenübertragung in sich erkennen und bewältigen. Freud ist der Meinung, dass ein Psychoanalytiker nur so weit komme, wie seine inneren Widerstände und Komplexe dies zulassen. Er verlangt daher zunächst eine Selbstanalyse, die im Laufe der weiteren Erfahrungen mit dem Patienten vertieft werden sollen.

Doch trotz seiner dadurch ausgedrückten vorwiegend negativen Einstellung zur Gegenübertragung konnte Freud ihr auch etwas Positives und Hilfreiches abgewinnen:

„ [...] Er [der Analytiker] soll dem gebenden Unbewussten des Kranken sein eigenes Unbewusstes als empfangendes Organ zuwenden, sich auf den Analysanden einstellen, wie der Receiver des Telephons zum Teller eingestellt ist [...]“[29]

Freud sagt damit, dass der Analytiker sein Unbewusstes den unbewussten Gefühlen des Patienten öffnen solle, um so mehr in Erfahrung bringen zu können.

Er selbst war bis in die 50er Jahre der einzige Vertreter dieser Ansicht zur Gegenübertragung. Erst dann sollten Wissenschaftler dieses von Freud erläuterte Thema erneut aufgreifen. Bis dahin hielt sich die allgemein anerkannte Meinung, dass der Analytiker die Haltung als „vollkommen kühlen Objekt(s)“[30] einzunehmen hat.

---

[27] Vortrag Sigmund Freud, Zukünftige Chancen der psychoanalytischen Therapie, 1943, S. 108

[28] im Sinne von „Therapeut“.

[29] Freud, Sigmund, gesammelte Werke, Band VIII, Werke aus den Jahren 1909- 1913, Fischer Verlag, Auflage 7, Dezember 2005, S. 381

[30] Hartkamp, Norbert, Persönlichkeitsstörungen: Leitlinie und Quellentext. Leitlinienentwicklung der Fachvertreter für Psychosomatische Medizin und Psychotherapie. In Abstimmung ... AÄGP, DGPM, DGPT und DKPM, Schattauer, F.K. Verlag, Januar 2002, S. 272

Im Zuge der nächsten Jahre und im Wandel der Zeit aber änderte sich die überwiegend ablehnende Haltung, die selbst Freud, wenn auch mit Einschränkungen, noch gegenüber dem Phänomen der Gegenübertragung bezogen hatte.

Der Ansatz der Übertragung und Gegenübertragung wird nun in Fachkreisen als sehr hilfreich empfunden, wenn er durch den Therapeuten verstanden und richtig angewandt wird. Er kann jedoch auch erneut als störend empfunden werden, wenn eben ein solches „Verstehen" der auftretenden Gefühle durch den Patienten nicht entsteht.

Nur richtiges Deuten und richtige Anwendung lässt dem „Arbeits-Ich" alle Chancen offen, für den Klienten vorteilhaft zu arbeiten und erfolgreich zu analysieren.

Es muss „die Ersetzung des Unbewussten durch Bewusstes (...) sein"[31].

3.3. Möglichkeiten des Zugangs zum inneren Konflikt des Klienten

Um zu betonen, dass der psychoanalytische Ansatz nicht nur im Zusammenhang eines therapeutischen Settings zur Anwendung kommt, wird in diesem Kapitel von Sozialpädagogen und deren Klienten an Stelle von Therapeuten und Patienten gesprochen.

Nachdem in einem ersten Schritt bei der Arbeit mit einem Klienten ein Arbeitsbündnis zwischen einem Klienten und einem psychoanalytisch arbeitenden Pädagogen entstand,

---

[31] Freud, Sigmund, gesammelte Werke, Band XI, Vorlesungen zur Einführung in die Psychoanalyse, Fischer Verlag, Auflage 7, Dezember 2005, S. 451

wird dieser nun nach dem Konflikt des Klienten suchen. Hierbei wird nachfolgend davon ausgegangen, dass die vorherrschenden Konflikte immer unbewusster Natur sind. (vgl. Schaubild Abb. 3)

Dem Sozialpädagogen stehen potentiell drei grundsätzliche Zugänge zur Wahl, um den inneren, unbewussten Konflikt zu identifizieren und zu behandeln.

Diese werden nachfolgend kurz erläutert.

3.3.1. Der Zugang über das Grundproblem des Klienten

Der erste Zugang wäre es, den Anlass zu betrachten, aus dem der Klient den Weg zum Sozialarbeiter gefunden hat.

Diese Situation ergibt sich jedoch nicht in allen Formen sozialpädagogischer Arbeit. Sie ist begrenzt auf das direkte Arbeiten am Klienten.

Hierbei hat der Pädagoge schon die Vorahnung, dass der Klient im Gegenstand der sozialpädagogischen Situation eine Lösung seines inneren Konfliktes sucht, da dieser Konflikt ihn, unbewusst oder bewusst, beschwert. Es ist klar ersichtlich, dass diese Herangehensweise als die leichteste erscheint, denn ein umständliches Heranwagen an einen blockenden Klienten muss hier nicht stattfinden. Der Klient wünscht hier selbst, über den Anlass seines Kommens, bzw. den Konflikt zu sprechen, oder er rechnet zumindest damit, dass dieser Konflikt zur Sprache gebracht wird.

3.3.2. Der Zugang über die Lebensgeschichte des Klienten

Eine zweite Option, sich einen Zugang zum Konflikt des Klienten zu verschaffen, ist es, dessen Biographie zu durchleuchten, sich ein Bild von seinem Lebenslauf zu machen und mögliche Auffälligkeiten und „Wirkungen belastender sozialer Erfahrung aufzuspüren."[32]

Hier ist zunächst klar, dass dieser Weg nicht so einfach zu beschreiten ist wie der erste, bei dem der Klient durch seine eigene Motivation zur Bereinigung seines Konflikts dem Pädagogen das Identifizieren eines Konflikts erleichtert.

In dieser Zugangsmöglichkeit ist es nun zunächst an dem Pädagogen, möglichst viel über das Leben des Klienten zu erfahren, speziell über soziale Kontakte und bisherige soziale Lebensformen. Hier ist jedoch zu beachten und in die Gedanken des Pädagogen mit einzubeziehen, dass es sich immer um „Geschichten" und „Erzählungen" des Klienten handelt, und nicht zwangsläufig um Fakten. Es wird davon ausgegangen, dass ein „noch nicht bewältigter, größtenteils unbewusst gewordener Konflikt die Wahrnehmungen und das Handeln eines Menschen auf immer wieder ähnliche Weise prägt."[33]

Treten nun Wiederholungen in der Biographie auf oder besteht in einem auffälligen Punkt Kontinuität, kann der Pädagoge daraus auf den inneren Konflikt schließen. Oft und idealer Weise gibt der Klient seiner Erzählung eine thematische Ordnung, wodurch sich Wiederholungen und Kontinuitäten gut erkennen lassen.

Der psychoanalytisch arbeitende Pädagoge versucht in diesem Zuge, das Verhalten des Klienten in den jeweiligen Wiederholungen zu deuten. Dabei ist jedoch wiederum zu beachten, dass es sich um Deutungen und nicht um Wissen handelt. Erwähnt sei auch, dass bei schweren traumatischen Erfahrungen wie etwa Missbrauch der Interpretationsspielraum der Erlebnisse des Klienten relativ klein ist. In solchen Fällen stellt diese Methode und damit dieser

[32] Körner, Jürgen und Ludwig- Körner, Christiane, Psychoanalytische Sozialpädagogik, Lambertus Verlag, Freiburg, 1997, S. 114
[33] Ebenda, S. 119

Zugang zum Konflikt des Klienten also eine sehr gute Möglichkeit dar, mit dem bestehenden Konflikt zu arbeiten und ihn zu verarbeiten, auch wenn es jahrelanger einfühlsamer Begleitung durch eine Fachperson bedarf.

Es zeichnet sich schon an dieser Stelle ab, dass dieser Zugang zum inneren Konflikt des Klienten kein einfacher ist, da im Grunde genommen so gut wie keine verifizierbaren Fakten aus dem Lebensbericht des Klienten abzuleiten sind. Nichtsdestotrotz ist dieses Vorgehen eine häufig angewandte Methode.

3.3.3. Der Zugang über das Verständnis der sozialpädagogischen Beziehung

Der dritte Weg lässt schließlich den Pädagogen sich selbst mit einbeziehen. Er schaut rückwirkend auf die Entfaltung der Beziehung des Klienten mit ihm während der fortgeschrittenen Therapie und sucht innerhalb dieser nach Indizien für den Konflikt des Klienten. Bei diesem Vorgehen handelt es sich im natürlichen Sinne um das Verstehen des bisher Gesagten und Getanen beider, des Klienten und des Pädagogen. Unterstützend kann an dieser Stelle eine Auswertung der so gewonnenen Erkenntnisse nach dem Modell der Übertragung und Gegenübertragung hinzukommen.

Wie in den Definitionen von Übertragung und Gegenübertragung bereits dargelegt worden ist, müssen sich hierfür Klient und Pädagoge darauf „einigen“[34], die komplette bisherige sozialpädagogische Situation und Verbindung aufzuarbeiten und die Ergebnisse zu evaluieren.

Es existieren unterschiedliche Manifestationen von Übertragung.

---

[34] Körner, Jürgen und Ludwig- Körner, Christiane, Psychoanalytische Sozialpädagogik, Lambertus Verlag, Freiburg, 1997, S. 114

Nachfolgend werden die drei Methoden vorgestellt, die in einem psychoanalytischen und psychoanalytisch-pädagogischen Setting bei einer auftretenden Übertragung üblicherweise angewendet werden.

- Es kann ein besonderes Augenmerk darauf gelegt werden, in welcher Weise der Klient den Pädagogen wahrnimmt, denn diese Perspektive ist meist charakteristisch für den Klienten und kann auf einen unbewussten Konflikt hindeuten.
- Eine weitergehende Möglichkeit wäre der Versuch, das Wesen der Übertragungen des Klienten konkret auszuwerten. Dabei fühlt sich der Pädagoge oft zu einer Antwort auf die Übertragung des Klienten gedrängt und reagiert optimalerweise mit einer kontrollierten Gegenübertragung, um in die Beziehungsgestaltung beider Personen einzugreifen. Der Pädagoge muss sich dabei jedoch im Klaren darüber sein, dass er mit seiner Gegenübertragung einen aktiven Part innerhalb dieser Beziehung einnimmt und somit unter Umständen nicht wirklich objektiv über die Übertragung des Klienten auf seinen Konflikt schließen kann. Er muss seine Gegenübertragung aus einer Position außerhalb der Beziehung als rein therapeutische Reaktion auf die Übertragung des Klienten verstehen und so ein im Prinzip subjektives Verfahren objektivieren.
- Der dritte Versuch, einen Zugang zum Konflikt des Klienten über ein Verständnis der aktuellen sozialpädagogischen Beziehung zu erlangen, ist der, das bisher vom Klienten Gesagte zu interpretieren. Dieser Ansatz ähnelt inhaltlich, aber auch in seinen Risiken, der Methode des Zugangs zum Klienten über dessen Lebensgeschichte. Er birgt

den Nachteil, dass alles, was der Pädagoge auf diesem Weg auswertet, nur Interpretation ist. Denn ein Feststellen objektiver Fakten ist auf Grund dieses Gesagten nicht möglich und wäre bei einer Fehleinschätzung fatal[35] für die weitere Behandlung des Klienten und die Beziehung zwischen ihm und dem Pädagogen.

Alle drei Zugangsmöglichkeiten führen zu vorläufigen, individuellen Hypothesen. Die Bereitschaft des Pädagogen, sich selbst und seine eigenen Hypothesen in Frage zu stellen und diese gegebenenfalls neu aufzustellen, ist insofern eine zentrale Voraussetzung. Falls diese erfüllt ist, können die vorgestellten drei Zugangsmethoden dabei helfen, einerseits zu einem besseren subjektiven Verständnis von bestimmten Sichtweisen zu gelangen, und sie andererseits gleichzeitig zu objektivieren und manifestieren. Insofern ist eine gute Möglichkeit gegeben, einen bestehenden Konflikt bewusst zu machen, ihn zu thematisieren und damit dem Klienten aus seiner damit verbundenen schwierigen Situation zu helfen.

3.4. Beispiel

Das Vorkommen einer Freudschen Übertragung lässt sich durch Beispiele am besten erläutern. Es werden zwei Beispiele aus unterschiedlichen Settings angeführt, um aufzuzeigen, dass Übertragung sowohl im professionellen Umfeld als auch im Alltagsleben vorkommen kann.

[35] Bei falscher Interpretation und damit falscher Behandlung können unbewusste Emotionen oder Gefühle, die eigentlich aufgezeigt und behandelt werden sollten, weiterhin unterdrückt werden, was den Klienten weiterhin belastet, anstatt ihm Linderung zu bereiten.

3.4.1. Übertragung

Das erste Beispiel schildert eine alltägliche Situation:

Eine Frau, Mitte 30, trifft in ihren Partnerschaften immer wieder dominantere, stärkere, oft auch aggressive Partner, die sie in der Folge häufig schlecht behandeln. Dennoch zeigt sie ambivalentes Verhalten, indem sie sich trotz der Erniedrigung, die sie erfährt, immer wieder attraktiv kleidet und versucht, es den Männern in allen Bereichen recht zu machen. Sie erfährt weiterhin Gewalt, trennt sich jedoch nicht.

Hier bietet sich der Zugang über die Lebensgeschichte der Klientin an, wie er in Kapitel 3.3.2. beschrieben wurde.

Es ist offensichtlich, dass ihr Verlangen nach Liebe, Zuneigung und Bestätigung stärker ist als der Realitätssinn, der die Gewalt wahrnimmt. Es ist zu erahnen, dass sie schon in der Kindheit, z.B. in der Beziehung zu ihrem Vater, diese Zuneigung und Liebe vermissen musste. Durch ihre jetzigen Partner versucht sie auf wiederholte Weise diese Art Anerkennung zu bekommen und verdrängt dabei stark die vorherrschende Gewalt und das Unrecht, das ihr widerfährt.

Die Frau überträgt die Empfindungen, die in ihrer Jugend und Kindheit das Verhalten ihres Vaters bei ihr auslöste, auf eine andere Person, in diesem Fall ihren Partner.

Die aus den ursprünglichen (kindlichen) Empfindungen resultierenden und nun übertragenen Bedürfnisse oder Wünsche bleiben meist unbefriedigt, da die Person, die zum Objekt der Übertragung wird, sie verständlicherweise nicht in dem Maße befriedigen kann, in welchem die Anforderungen implizit gestellt werden.

Die Divergenz zwischen der unbewusst gefühlten Beziehung (Vater-Tochter) und den daraus resultierenden Ansprüchen/Bedürfnissen und der Realität (Partner-Partnerin) gilt es nun darzulegen, aufzuarbeiten, und – durch den Versuch einer Heilung – zu ersetzen.

Gelingt dies, so sind die Chancen auf eine nachhaltige Konfliktbewältigung sehr groß.

Ein zweites Beispiel zeigt eine Situation in einem therapeutischen Setting:

Eine Frau ist Angestellte in der Stadtverwaltung. Ihr Mann ist selbstständig und besitzt eine gut laufende Handelsfirma. Zusammen haben sie schöne Ehejahre miteinander verbracht. Die beiden haben gemeinsame Interessen wie das Segeln und treffen sich ebenso mit den gemeinsamen Freunden gerne zum Kegelsport. Dennoch hat auch jeder der beiden seine eigenen Interessen und ebenso seinen eigenen Freundeskreis.

Zur Familie gehören weiterhin ein zweijähriger Sohn sowie eine neun Monate alte Tochter. Kurz nach der Geburt ihres zweiten Kindes begibt sich die Frau in Therapie. Sie fühle sich unglücklich und gibt als Grund an, dass ihr der eigene Freundeskreis zu oberflächlich erscheine. Es könne kaum ein gutes Gespräch zustande kommen. Ebenso beklagt sie, dass die Ehe nicht mehr so intensiv und harmonisch sei wie sie zu Beginn.

Als eine weitere Therapiesitzung mit ihrem Therapeuten ansteht, verspätet sich dieser um einige Minuten, da er durch einen stecken gebliebenen Fahrstuhl aufgehalten wurde.

Die Frau sitzt daher schon allein im Therapieraum. Der Therapeut unterrichtet seine Klientin in der Folge über den Grund seiner Verspätung. Als sie nun aufgefordert wird, über ihre Woche zu berichten, erzählt sie zunächst von eher belanglosen Situationen und Ereignissen.

Auf die Frage, ob dieses Verhalten mit der Verspätung des Therapeuten zu tun habe, verneint die Frau. Sie wird mehrfach aufgefordert zu berichten, was sie in den Minuten gedacht habe, die der Therapeut sie warten ließ und die sie allein im Raum verbrachte. Nach anfänglichem Abwiegeln beginnt sie zu erzählen. Sie habe sich vorgestellt, wie der Therapeut mit dem männlichen Klienten, der die Sitzung vor ihr besucht habe, in einem Cafe sitzt. Sie fügt hinzu, dass sie schon lange den Eindruck habe, dass der Therapeut sich mehr für die männlichen Klienten interessiere als für sie. In der Folge beginnt sie ohne Aufforderung aus ihrer Kindheit zu berichten. Sie erzählt, wie ihr Vater abends beim Zubettgehen dem älteren Bruder immer noch eine Geschichte vorgelesen und mit diesem herumgetollt und ihr danach nur noch schnell eine gute Nacht gewünscht habe. Sie ist der Meinung, dass ihr Bruder stets bevorzugt behandelt worden sei.

Es ist ersichtlich, dass die Frau in dieser Situation nicht als erwachsene Frau, sondern aus der Perspektive des kleinen Mädchens über ihre Gefühle spricht.

Anhand dieses Beispiels wird nun herausgestellt, an welcher Stelle die Übertragung eingetreten ist.

Das Szenario, welches hier stattfand, war von dem Therapeuten nicht bewusst herbeigeführt, sondern entstand durch einen Zufall – dem Steckenbleiben des Fahrstuhls. Dennoch erkannte der Therapeut den Grund dafür, dass seine Klientin wie oben beschrieben reagierte, und führte sie zur eigenständigen Lösung des Problems. Er ließ sie von sich aus erzählen, wiederholen und damit erkennen, was ihr in der Kindheit durch ihren Vater nicht zuteil wurde und was sie vermisst, aber noch nicht verarbeitet hat. Die Klientin konnte die Eifersucht und die Wut auf ihren Bruder/Vater/Mutter nicht ausdrücken, die sie während ihrer Kindheit empfunden hatte. Damit schwächte sich ihr Selbstwertgefühl enorm. Nach der Geburt ihres zweiten Kindes kam die Erinnerung wieder hoch und ließ die Klientin in ein Loch fallen, das auf eine während der Kindheit erfahrene, nicht verheilte oder überwundene Verletzung zurückzuführen war. Durch ein zufälliges Ereignis innerhalb der Therapie und durch das richtige Deuten und Verstehen des Therapeuten ist die Frau nun in der Lage, ihre verdrängten und unbewussten Erlebnisse aufzuarbeiten und auf diese Weise ein stabiles Selbstbewusstsein zu erreichen.

Freud beschrieb diesen Vorgang treffend so:

„Der Wiederholungszwang hat die merkwürdige Tendenz des unbewusst psychischen, die eingeprägten, unbewussten Muster psychischer Konflikte in aktuellen Beziehungen stets neu zu inszenieren.“[36]

3.4.2. Gegenübertragung

Die Gegenübertragung ist das Gegenstück zur Übertragung. Freud setzte sich überraschenderweise erst mit ihr auseinander, bevor er das Phänomen der Übertragung näher beschrieb.

Die Gegenübertragung geschieht auf Seiten des Therapeuten, also bei dem Kommunikationspartner der Person, von der die Übertragung ausging.

Freud sah seine neuen wissenschaftlichen Erkenntnisse als eine Möglichkeit, „unglückliche analytische Verwick-

[36] Freud, Sigmund, gesammelte Werke, Band I, Werke aus den Jahren 1892- 1899, Fischer Verlag, Auflage 7, Dezember 2005, S. 55

lungen, die aus der Gegenübertragung des Analytikers erwachsen können, zu verhindern."[37]

Auch der Vorgang der Gegenübertragung kann anhand eines Beispiels verdeutlicht werden.

Vorliegend ist ein neutrales Verhältnis zwischen einem Therapeuten und seinem Klienten. Der Klient wurde in einigen Therapiesitzungen dahin geführt, bestehende, tief schlummernde Gefühle und Fantasien preiszugeben, die ihn bisher blockierten.

Der Klient erzählt seinem Therapeuten in einer seiner zahlreichen Sitzungen, dass er perverse Gedanken hegt und diese bisher erfolgreich verdrängt habe, sie also nicht in die Wirklichkeit umsetzte. Er gibt dem Therapeuten preis, dass er z.B. gerne in seiner Vorstellung Tiere quält, indem er ihnen Körperteile abschneidet oder sie anzündet, um zu sehen, wie die jeweiligen Tiere reagieren und wie lange sie überleben.

Der Therapeut hört sich die Fantasien seines Klienten an und entlässt ihn nach dem Gespräch nach Hause. Er selbst regt sich in der Folge jedoch zunehmend über den Klienten und seine perversen, abwegigen Neigungen auf. Dies geht so weit, dass er noch vor dem nächsten Gespräch eine Woche später eine ausgeprägte Abneigung und Verachtung dem Klienten gegenüber entwickelt.

Eine solche Reaktion des therapierenden Arztes auf ein Verhalten oder eine psychische Disposition seines Patienten, nennt Freud „Gegenübertragung"[38].

Es ist nun an dem Therapeuten, seine Abneigung zu erkennen und sich in Eigenreflexion über die Ursächlichkeit

[37] Spengler, Katrin, Wagner, Sabine Wenn der Spiegel lebt; Psychoanalytiker sprechen über Gegenübertragung, Wissenschaft und Praxis Verlag, Ludwigsburg- Berlin, 1995, S. 16

[38] vgl. Seite 15, Fußnote 24

klar zu werden. In dem obigen Beispiel könnte der Schlüssel zu den Gefühlen des Therapeuten z.B. der Umstand sein, dass seine Haustiere in seiner Kindheit von anderen Kindern ebenso gequält wurden wie der Klient es in seinen Fantasien beschreibt. Trotz seiner Betroffenheit darf der Therapeut seine Gefühle nicht auf seinen Klienten übertragen und somit seine Objektivität verloren geben. Seine Aufgabe ist es, dem Klienten zu helfen und er hat nunmehr einen guten Ausgangspunkt für seine Arbeit.

4. Die Anwendung in der Sozialen Arbeit

In diesem Kapitel der Arbeit wird erläutert, welche Bedeutung das psychoanalytische Modell der Übertragung und Gegenübertragung nach Freud für die soziale Arbeit hat.

Ebenso wird erörtert, inwieweit ein psychoanalytisch- sozialpädagogisches Arbeitsbündnis besteht und wo die Vorteile eines solchen Bestehens liegen würden.

Des Weiteren wird diskutiert, ob ein solcher Ansatz, der aufgrund seiner wissenschaftlichen Ausrichtung nicht typisch für die praktisch orientierte Soziale Arbeit ist, angewandt wird, wo seine Anwendungsgebiete liegen und was die aktuelle Diskussion zu diesem Thema beinhaltet.

4.1. Die Bedeutung für die Soziale Arbeit

Die Bedeutung des psychoanalytischen Ansatzes, der auf dem von Freud beschriebenen Phänomen der Übertragung und Gegenübertragung basiert, kann unterschiedlich beurteilt werden. Einerseits kann argumentiert werden, dass ein psychoanalytisches Modell mit seinem vorwiegend wissenschaftlichen und theoretischen Charakter nicht mit der Sozialen Arbeit vereinbar sei, weil diese primär empirisch und direkt am ganzheitlichen Menschen „arbeite". Doch andererseits lässt sich durchaus erwägen, dass ein Lernen von benachbarten Disziplinen wie bspw. der Psychologie als eine Chance und Horizonterweiterung für die Soziale Arbeit gesehen werden kann.

Schon die Begründerin Salomon[39] sagte bezüglich des Berufsbildes der Sozialen Arbeit, dass sie keiner „besonderen wissenschaftlichen Perspektive verpflichtet"[40] sei.

So müsse die Soziale Arbeit eigene Wissenschaftsregeln erheben und nach eigenem Muster Handlungsmodelle ent-

[39] Alice Salomon, (1872- 1948), Wegbereiterin der Sozialen Arbeit
[40] Salomon, Vortrag in Berlin, 1925,

wickeln, die die Arbeit am Menschen erleichtere und wirkungsvoller gestalte.

Soziale Arbeit lässt sich, wie im Übrigen auch die Psychoanalyse, nicht konkret einer Wissenschaft zuordnen. Für die Psychoanalyse wurde dies in Kapitel 2.2. bereits anschaulich dargestellt. Auch die Soziale Arbeit kann sich nicht einer Wissenschaft zuordnen lassen, weil sie eine „große Bandbreite von Aufgaben, Zielen, Interventionsansätzen und Ebenen“[41] verbinde.

Doch sie kann auch von bereits bestehenden Modellen der Psychoanalyse lernen, wenn diese Modelle wirksam und ebenso für die Soziale Arbeit geeignet sind. So würde sich eine Verbindung nicht weiterhin ausschließen, wie es derzeit vorherrscht, sondern es könnte ein Bündnis entstehen.

4.2. Das psychoanalytisch-sozialpädagogische Arbeitsbündnis

Die vorangegangenen Ausführungen machen deutlich, dass auf Seiten der Sozialen Arbeit auf Grund einer unterstellten Theorielastigkeit Vorbehalte gegenüber der Psychoanalyse bestehen. Auf der anderen Seite beurteilen jedoch auch die Experten der Psychoanalyse die Anwendung ihrer Methoden in der Sozialen Arbeit äußerst skeptisch, weil sie hier von einer unprofessionellen Handhabung ausgehen.[42] So besteht anscheinend äußerlich eine Kluft und ablehnende Grundhaltung zwischen diesen beiden Disziplinen, obwohl wesentliche Gemeinsamkeiten offensichtlich sind.

---

[41] Stemmer-Lück, Magdalena, Beziehungsräume in der Sozialen Arbeit, Psychoanalytische Theorien und ihre Anwendung in der Praxis, Kohlhammer Verlag, 2004, Stuttgart, S. 33

[42] Pfadenhauer, Michaela, Professionelles Handeln, VS Verlag, 2005, Wiesbaden, S. 105

Legt man also die verbreitete Betrachtungsweise zugrunde, wäre der Ansatz der Übertragung und Gegenübertragung weiterhin Teil der Psychoanalyse und somit Teil einer für die Soziale Arbeit nicht zugänglichen Disziplin.

Wäre es aber möglich, die bestehenden Differenzen beizulegen und sich miteinander in Verbindung zu setzen, so könnte speziell die Soziale Arbeit viele psychoanalytische Ansätze gewinnbringend für die tägliche Arbeit mit Menschen nutzen.

Nicht zuletzt ist zu beachten, dass Sozialarbeiter dies oftmals schon unwissentlich tun. Mit Sicherheit wärc an dieser Stelle ein bewusster Umgang mit dem Instrumentarium der Psychoanalyse wünschenswerter als ein halbbewusster oder unfundierter. Was insofern erwägt werden sollte, ist ein grundlegendes Arbeitsbündnis zwischen Psychoanalytikern und Sozialarbeitern, von dem letztlich beide Seiten profitieren könnten.

4.3. Die aktuelle Diskussion

An dieser Stelle soll zunächst geklärt werden, welches Wissen für die Praxis der Sozialen Arbeit relevant ist und wie es gewinnbringend genutzt werden kann.

Es gibt viele Ansätze der Psychoanalyse, die in der psychosozialen Behandlung und Beratung besser anwendbar sind als in der sozialen Gemeinwesenarbeit.[43] Bei der Auswahl der Ansätze, die von anderen Teilwissenschaften übernommen und angewendet werden, muss somit beach-

[43] Szenisches Verstehen: Wieser, M., Szenisches Verstehen. Ein erster theoretischer Erkundungsversuch. In: Psychotherapie Forum 2, 1994, S. 6-19 ;Fördernder Dialog: Trescher, Hans-Georg; Büttner, Christian, Jahrbuch für psychoanalytische Pädagogik 3, Matthias-Grünwald Verlag, 1991, Mainz, S. 127- 138

tet werden, dass es um „eine integrative und keine additive[44] Leistung“[45] geht.

In der aktuellen Diskussionen zeichnen sich zwei Hauptaussagen ab. Die erste, grundlegende Position wurde bereits erwähnt: Bestimmte psychoanalytische Ansätze werden für die Praxis der Sozialen Arbeit als durchaus relevant und anwendbar eingeschätzt.

Der zweite wesentliche Standpunkt beläuft sich auf die weiter gehende Forderung, die Übernahme von Ansätzen aus anderen Disziplinen in die Soziale Arbeit mit einer (Teil-)Ausbildung in diesem Bereich zu verknüpfen.[46] Nur so sei sichergestellt, dass die Anwendung durch Sozialarbeiter adäquat geschieht und nicht in Misserfolg resultiert.

In der Folge wird geklärt, wo innerhalb der Sozialen Arbeit Anwendungsgebiete für psychoanalytischen Ansätze und besonders den Ansatz der Übertragung und Gegenübertragung liegen und in welchen Bereichen diese eventuell schon angewendet werden.

4.4. Die Anwendungsgebiete

Wie bereits aufgezeigt wurde, liegen die Anwendungsgebiete der meisten psychoanalytischen Ansätze in der Sozialen Arbeit keineswegs auf der Hand. Psychoanalyse arbeitet vorwiegend erkenntnisorientiert, während sich die Soziale Arbeit durch eine handlungsorientierte Arbeitsweise auszeichnet.[47] Da im Laufe der Arbeit jedoch festgestellt wur-

---

[44] Zusatz, zusätzliche, in: Duden, 24. Auflage, Verlag Bibliographisches Institut, 2007

[45] Stemmer-Lück, Magdalena, Beziehungsräume in der Sozialen Arbeit, Psychoanalytische Theorien und ihre Anwendung in der Praxis, Kohlhammer Verlag, 2004, Stuttgart, S. 34

[46] ebenda, Stemmer-Lück, S. 33; Spengler, Katrin, Wagner, Sabine, Wenn der Spiegel lebt; Psychoanalytiker sprechen über Gegenübertragung, Wissenschaft und Praxis Verlag, Ludwigsburg- Berlin, 1995, Kapitel 6, Diskussion, S. 187

[47] ebenda, Stemmer-Lück, S. 34

de, dass das Modell der Übertragung und Gegenübertragung durchaus in der Praxis Anwendung findet und damit handlungsorientiert einsetzbar ist, scheint dieser Ansatz innerhalb der Sozialen Arbeit potentiell anwendbar zu sein.

Wenn ein Arbeitsbündnis, wie in Kapitel 4.2. beschrieben wurde, zu Stande kommen und gefördert werden würde, könnten Sozialarbeiter auch auf solche Anforderungen der Sozialen Arbeit adäquat reagieren, die trotz offizieller Nichtzugehörigkeit doch täglich auf sie zukommen. Er hätte die Möglichkeit, zeitnah und kompetent zu intervenieren und würde dem Klienten angemessener begegnen und helfen können.

Vordergründig wäre die Anwendung in der Sozialen Arbeit also gerechtfertigt, wenn eine entsprechende Fortbildung oder Teilausbildung die dafür notwendige Qualifikation sicherstellen würde.

Problematisch ist in dieser Hinsicht allerdings die Tatsache, dass solche Qualifikationsmaßnahmen weder im Studium noch im Rahmen der allgemein angebotenen Fortbildungen etabliert sind. Durch die Wahl spezieller Zusatzseminare während des Studiums werden entsprechende Thematiken unter Umstanden angerissen, jedoch in keinem Fall hinreichend vertieft. Der generelle Umgang mit Methoden, die auf Freuds Übertragung und Gegenübertragung basieren, muss hier insofern wegen der Gefahr inkompetenter und insofern fahrlässiger Anwendung durch nicht angemessen ausgebildete Sozialarbeiter in Frage gestellt werden.

5. Empirische Erhebung zur Anwendung in der Sozialen Arbeit

Dieses Kapitel soll aufzeigen, dass in der täglichen Arbeit von Sozialarbeitern Situationen vorkommen, die den psychoanalytischen Ansatz der Übertragung und Gegenübertragung sinnfällig machen. Dazu wurde eine qualitative Erhebung unter Sozialarbeitern in sozialen Einrichtungen für psychisch erkrankte Menschen in Aurich, Cloppenburg und Emden durchgeführt.

Aus Gründen der Anonymität werden die entsprechenden Einrichtungen nicht namentlich genannt. In der Folge werden jedoch die Kriterien vorgestellt, auf deren Basis diese ausgewählt wurden.

5.1. Motivation und Vorgehensweise

Die Zielrichtung der Umfrage bestand darin, das Vorkommen des von Freud beschriebenen Phänomens der Übertragung (und Gegenübertragung) in der alltäglichen Sozialen Arbeit darzulegen und in der Folge die Anwendbarkeit einer darauf aufbauenden Arbeitsweise innerhalb dieses Umfelds zu überprüfen. Weiterhin sollte untersucht werden, ob die befragten Sozialarbeiter einschlägige Situationen möglicherweise sogar intuitiv richtig bewertet und entsprechend des Modells von Übertragung und Gegenübertragung gehandelt haben. Zudem sollte eine Befragung der Sozialarbeiter nach einer adäquaten Ausbildung klären, ob die Anwendung einer im Prinzip psychoanalytischen Methodik im Rahmen ihrer Arbeit durch eine angemessene Qualifikation legitimiert ist.

Es wird in dieser Erhebung die „Grounded Theory“ zu Grunde gelegt. Auf diese Weise wird auf eine eher qualitative als quantitative Auswertung abgehoben.

So bietet die Grounded Theory eine systematische Sammlung von Einzeltechniken und Leitlinien zur Datenaufbereitung und -analyse, zur systematischen Zusammenstellung der empirischen Daten und ihrer Konzeptualisierung.[48]

Die hier angewandte Vorgehensweise stellt sich wie folgt dar: Bezüglich der Anwendung des psychoanalytischen Ansatzes der Übertragung und Gegenübertragung nach Freud wurden Hypothesen aufgestellt. Daraufhin wurde ein Fragebogen entwickelt, anhand dessen diese Hypothesen bestätigt oder widerlegt werden konnten.

5.2. Die Befragungsgruppe

Die Befragungsgruppe wurde nach bestimmten Kriterien ausgesucht, die nachfolgend dargestellt werden. Diese Kriterien garantieren, dass eine qualitative Auswertung repräsentativ für diese Gruppe sein kann.

Die ausgesuchten Merkmale beziehen sich größtenteils auf Sozialarbeiter, deren Arbeitsfeld einen spezifischen Klientenkreis betrifft.

Merkmale der Befragungsgruppe:

- Die Person ist ausgebildeter Sozialarbeiter.
- Die Person arbeitet täglich direkt und unmittelbar mit Klienten zusammen.
- Die Person arbeitet täglich im Kontext mit psychisch erkrankten Personen.
- Die Person arbeitet seit mehr als 3 Jahren im Kontext mit psychisch erkrankten Personen.

---

48 Strauss, Anselm; Corbin, Juliet, Grounded Theory: Grundlagen Qualitativer Sozialforschung, Vorwort, Verlag Weinheim, 1996, S. X

Das erste Kriterium, die abgeschlossene Ausbildung zum Sozialarbeiter, ist das Fundament der Befragung. Sie garantiert, dass sich der Sozialarbeiter in Ausbildung oder Studium mit Methoden der Selbstwahrnehmung und Selbstreflexion auseinander gesetzt hat. Dieses ist auch in sofern Grundlage für die Erhebung, als dass er dadurch mögliche Schwachpunkte seiner Ausbildung in Bezug auf die tägliche Arbeit mit psychisch erkrankten Menschen wahrnehmen konnte.

Die ständige direkte Arbeit mit Klienten ist ein unerlässliches Kriterium, da es letztlich nur durch diesen intensiven Kontakt zu Übertragung oder Gegenübertragung kommen kann. Beim Beratungsgespräch am Telefon des Sozialarbeiters oder in Zusammenhängen mit eher verwaltenden Tätigkeiten ist dies zumindest wesentlich unwahrscheinlicher. Die unmittelbare Nähe zur Person des Sozialarbeiters lässt den Klienten relativ schnell eine weitaus engere Verbindung zu diesem herstellen, als es jemals am Telefon geschehen könnte. Diese enge Verbindung ist erklärlicherweise „förderlich" für Übertragungssequenzen. Die unmittelbare Nähe des Sozialarbeiters garantiert also eine erhöhte Wahrscheinlichkeit für das Stattfinden von Übertragung oder Gegenübertragung.

Die direkte Arbeit mit psychisch erkrankten Menschen stellt eine eingrenzende Voraussetzung dar. Übertragung und Gegenübertragung können zwar auch in anderen Kontexten und Einrichtungen der Sozialen Arbeit wie bspw. in Jugendzentren oder Beratungseinrichtungen stattfinden. Doch um die Qualität der Befragungsresultate zu gewährleisten, ist in Bezug auf Tätigkeit und Arbeitsumfeld eine möglichst homogene Gruppe von befragten Personen sicher zu stellen. Durch die Einschränkung auf Einrichtungen für psychisch kranke Personen ist diese Anforderung erfüllt und eine aussagekräftige Evaluation möglich.

Die letzte Voraussetzung, die dreijährige Berufserfahrung im Kontext einer Einrichtung für psychisch erkrankte Menschen, dient erneut der Qualitätssicherung. Eine gewisse Menge an bearbeiteten Fällen ist ein essentielles Kriterium, damit der Sozialarbeiter seine Fälle anhand von Vergleichsgrößen in den hier vorgestellten Kontext einordnen kann. Erst wenn der Befragte einige Beispielfälle vorliegen hat, weist er die Erfahrungswerte auf, die für die Betragung notwendig sind.

Mit allen Voraussetzungen für die Befragungsgruppe lässt sich nun ein Ergebnis erzielen, dass für diese Gruppe repräsentativ ist und auch die qualitativen Anforderungen erfüllt.

5.3. Die Fragestellungen

Nachdem die Voraussetzungen der befragten Personen geklärt sind, können die Fragen aufgestellt werden.

Dabei wird mit Grundsatzfragen begonnen und anschließend auf das eigene Erleben der Sozialarbeiter eingegangen.

Der ausgehändigte Fragebogen war in drei Teile untergliedert. Zunächst eröffnete ein Anschreiben den Befragten die Art, den Kontext, den Zweck und das Ziel des Fragebogens. Den zweiten Teil des Bogens stellten die eigentlichen Fragen dar. Es galt acht Fragen zu beantworten, die aus den Kriterien und den bisher aufgestellten Sachverhalten von Übertragung und Gegenübertragung in Verbindung mit Sozialer Arbeit ausgesucht wurden. Der dritte Teil des Fragebogens bestand aus einem Anhang, der Begriffsdefinitionen enthielt.

Die Fragen aus dem zweiten Teil waren:

1. *Haben Sie die Definitionen von Übertragung und Gegenübertragung verstanden?*
2. *Können Sie diese kurz mit eigenen Worten wiedergeben?*
3. *Sind Sie der Meinung, dass Übertragung täglich in Ihrer Arbeit mit Klienten vorkommt?*
4. *Sind Sie der Meinung, dass Gegenübertragung täglich in Ihrer Arbeit mit Klienten vorkommt?*
5. *Werden eventuell auftretende Übertragungen oder Gegenübertragungen bewusst wahrgenommen und/ oder reflektiert?*
6. *Halten Sie es für legitim, dass Sozialarbeiter/ innen in Ihrer Arbeit psychoanalytisch vorgehen?*
7. *Sind Sie der Meinung, dass Sozialarbeiter/ Innen besser in der Fachrichtung Psychoanalyse geschult werden sollten?*
8. *In welcher Form ist Ihnen Übertragung oder Gegenübertragung einmal bewusst geworden. Beschreiben Sie bitte in Situationsabhängigkeit das Setting.*

Anhand dieser Fragestellungen lässt sich in der Auswertung ein Bild darüber gewinnen, wie Sozialarbeiter mit dem Auftreten von Übertragung und Gegenübertragung im speziellen Kontext konfrontiert werden, wie sie damit umgehen und ob sie einen solchen Umgang explizit gelernt haben.

Der zuvor vorgestellte Fragebogen wurde an insgesamt 55 Sozialarbeiter an diversen Einrichtungen für psychisch erkrankte Personen im nordwestdeutschen Raum mit der Bitte um Beteiligung auf persönlichem, postalischem oder elektronischem Wege verteilt. Die Rücklaufquote ließ jedoch sehr zu wünschen übrig und teilweise zeigten sich die kontaktierten Sozialarbeiter nur zu einem sehr geringen Maße kooperativ. Daher war es dem Autor selbst nach dreifacher Bitte um Beteiligung innerhalb eines Zeitraums von vier Wochen leider nur möglich, fünf vollständig ausgefüllte Fragebögen zurückzuerhalten und auf dieser Basis eine Evaluation vorzunehmen. Doch waren die Bögen, die zurück erhalten wurden, für eine Evaluation gut geeignet.

Die Gründe für eine derartige Ablehnung vermutet der Autor in fehlender Zeit oder der Ablehnung psychoanalytischer Theorien und Ansätze. Die letztlich ausgefüllten Fragebögen erhielt der Autor per E-Mail zurück. Sie befinden sich in den Anlagen zu dieser Arbeit.

5.4. Die Auswertungsschritte nach Kriterien der Grounded Theory

Bei Betrachtung der ausgefüllten Fragebögen lassen sich Hauptthemen und somit die Schwerpunkte herausstellen. Diese finden sich in allen Bögen wieder und erschließen somit Gemeinsamkeiten. Die Gemeinsamkeiten der Aussagen wurden herausgearbeitet und hiervon Auswertungskategorien abgeleitet.

Besondere Aufmerksamkeit galt hier den Punkten des bewussten Vorkommens von Übertragung und Gegenübertragung und den damit verbundenen Folgepunkten der bewussten Reflektion und der Erkenntnis einer Übertragung oder Gegenübertragung.

Da die Fragen präzise und Richtungweisend gestellt waren, lassen sich vier Kategorien unterscheiden, die in der Folge näher untersucht werden:

Das Verständnis

Ein Verständnis der psychoanalytischen Theorie von der Übertragung und Gegenübertragung nach Freud erscheint sehr schnell gegeben zu sein.

Sämtliche Sozialarbeiter geben nach Durchlesen der gelieferten Definition des Autors an, den Sachverhalt verstanden zu haben und ihn wiedergeben zu können.

Einer der befragten Sozialarbeiter antwortete z.B.:

„Ja, kann ich. Bei dem Ansatz der Übertragung und Gegenübertragung dreht es sich um unbewusste Emotionsübertragungen entweder vom Klienten auf den Sozialarbeiter oder umgekehrt. Die Emotionen sind dabei Emotionen, die aus früheren Tagen noch nicht verarbeitet wurden."

An dieser Stelle wird die Frage interessant sein, ob der Ansatz bereits vor der Befragung bekannt war und ob auch entsprechend gehandelt wurde.

Das Vorkommen

Nachdem das Verständnis geklärt war, kam es zu der Frage nach dem Vorkommen des Ansatzes der Übertragung und Gegenübertragung in der Sozialen Arbeit. Hier ergibt sich das einheitliche Bild, dass sowohl Übertragungen als auch Gegenübertragungen täglich stattfinden.

Ein Sozialarbeiter beantwortete die Frage z. B. folgendermaßen:

„Übertragungen nach der gegebenen Definition kommen häufig vor. Ich denke, dass dieses in der doch sehr intensiven Arbeit mit den Klienten nicht zu verhindern ist, ohne dass dieses jetzt negativ klingen soll."

Ein anderer wies ebenfalls auf das tägliche Vorkommen hin:

„In meiner Arbeit werde ich fast täglich von Klienten mit sehr persönlichen, direkten Gefühlen und Erwartungen konfrontiert. Aufgrund der Erfahrung mit den Personen, gibt es viele – mir bewusste – Gegenübertragungen.“

Dass Übertragung und Gegenübertragung vorkommen, lässt sich aus den Bögen bei allen Befragungen, die den Sachverhalt des Ansatzes vor Durchführung der Befragung bzw. nach gegebenen Definitionen nach eigener Aussage verstanden haben, herausstellen. Dieses gilt es weiterhin zu untersuchen.

Der Umgang

Im Unterschied zu den beiden bisherigen Kategorien zeigt sich beim Umgang der Sozialarbeiter mit den Übertragungserscheinungen ein weniger homogenes Bild. Je differenzierter in die Materie des Ansatzes eingegangen wird, desto stärker werden zwei divergierende Reaktionen bei den Befragten deutlich. Einerseits sind die Antworten in der Folge kurz und knapp, andererseits offenbaren die Befragungsteilnehmer gerade jetzt eine große Sensibilität für die Problematik. Sie scheinen sich bewusst zu sein, dass es bei Vorkommen von Übertragungen oder Gegenübertragungen eines sehr überlegten Umgangs mit diesem Phänomen bedarf, um richtig reagieren zu können.

Exemplarisch äußerte sich bspw. ein Befragter:

„Aufgrund der Erfahrung mit den Personen, gibt es viele – mir bewusste – Gegenübertragungen. Diese versuche ich natürlich bewusst zu gestalten und auch zu reflektieren. Es ist durch den direkten, intensiven Kontakt zwar nicht immer so einfach, aber ich versuche schon in Gesprächen mit Kol-

legen z.B. dieses näher zu betrachten und eventuell bei nächster Gelegenheit bewusster zu reagieren."

Diese Antwort bildet die allgemeine Tendenz der gegebenen Antworten in dieser Kategorie ab. Sie ist ein Indiz dafür, dass über den psychoanalytischen Ansatz sehr wohl nachgedacht wird.

Die Ausbildung

Die Ausbildung ist die Kategorie, in der sich wieder alle Befragten einig sind. Unabhängig davon, ob ein Verständnis des Ansatzes im Laufe des Fragebogens stattgefunden hat, zeichnete sich die grundsätzliche Meinung ab, dass die Psychoanalyse einen Teil im Studium des Sozialpädagogen darstellen sollte.

Verdeutlicht an zwei Beispielen sieht es so aus:

„Sofern sie nicht weitgehend im Studium auf die Arbeit in einem Wohnheim vorbereitet wurden, sollten sie noch ausreichender vorbereitet und geschult werden, das ist klar. Wenn also so ein psychoanalytischer Ansatz nicht bekannt ist, und dennoch täglich zu geschehen scheint, bin ich für eine bessere Schulung in der Fachrichtung Psychoanalyse."

Wiederum ein anderer Umfrageteilnehmer antwortete:

„Meiner Meinung nach ist es schon wichtig seine Gefühle besser einordnen zu können, um professionell agieren zu können. Die Psychoanalyse sollte – aus meiner Sicht – schon ein Bestandteil des Studiums sein, um sich und seine Reaktionen und die der Klienten besser einschätzen zu können, und auch, um sich das Thema ´Nähe und Distanz zu Klienten stets zu verdeutlichen."

Die Aussagen der Sozialarbeiter weisen sämtlich darauf hin, dass eine bessere Ausbildung mit Blick auf psychoanalytische Inhalte gewünscht wird. Dieser Fakt ist ein interessanter, mit dem es sich weiter zu beschäftigen lohnt.

5.5. Hypothesenbildung

Nachdem nun die Schlüsselkategorien dargestellt worden sind, können hieraus Hypothesen abgeleitet werden, die in einer Ergebnisanalyse erörtert und analysiert werden. Hierbei dienen die Aussagen der Fragebögen als Grundlage.

Das Verständnis

Die Theorie des Ansatzes der Übertragung und Gegenübertragung wird auf Grund von bereits unbewusstem Anwenden leicht verstanden.

Das Vorkommen

Übertragung und Gegenübertragung finden in der täglichen Arbeit mit psychisch erkrankten Menschen statt.

Der Umgang

Vorkommende Übertragung und Gegenübertragung wird unbewusst richtig verarbeitet.

Vorkommende Übertragung und Gegenübertragung wird nicht reflektiert.

Die Ausbildung

Psychoanalytische Grundsätze werden als Teil des Studiums der Sozialen Arbeit gewünscht.

5.6. Ergebnisdarstellung

In diesem Teilkapitel sollen nun die aufgestellten Hypothesen auf ihre Validität überprüft werden. Sie dienen als Vorlage für eine inhaltliche Auseinandersetzung mit den Hauptproblemen von Übertragung und Gegenübertragung in der Sozialen Arbeit, die in der Hypothesenbildung mit eingeflossen sind. Auch hier werden wieder Passagen aus Befragungen angeführt, um Hypothesen zu stärken oder sie zu entkräften.

<u>Das Verständnis</u>

Die Theorie des Ansatzes der Übertragung und Gegenübertragung wird auf Grund von bereits unbewusstem Anwenden leicht verstanden.

Das Verständnis des Modells der Übertragung und Gegenübertragung bildet die Grundlage, um effektiv mit ihr arbeiten zu können. Es ist zu erkennen, dass eine Kenntnis der Theorie im Vorfeld zwar nicht immer vorhanden war, sich die Materie jedoch auf Grund vieler entsprechender Beispielfälle leicht erarbeiten ließ.

Eine befragte Person merkte beispielsweise an:

„Ich glaube, dass eine solche Sache oft vorkommt. Es ist jedoch so, dass ich die Begrifflichkeit der „Übertragung" bisher nicht kannte."

Es ist ersichtlich, dass hier die Theorie des Ansatzes im Vorfeld nicht als solche bekannt war, sie jedoch durch Widererkennen des Modells in bestimmten erfahrenen Situationen während der Arbeit des Umfrageteilnehmers richtig eingeordnet werden konnte. Dieses geschieht jedoch rein intuitiv und nicht auf Grund der bewussten Verbindung der Praxis mit einer Theorie, die der Befragte sicher verinnerlicht hat.

Ein weiterer Umfrageteilnehmer bestätigt diese Annahme:

„Wenn ich genau überlege, kommt es in vielen Situationen schon zur Gegenübertragung durch mich. Ja."

Diese Äußerung lässt den Schluss zu, dass vorher keinerlei Verbindung zwischen der Praxis und der Theorie von Übertragung und Gegenübertragung bestand. Die Umfra geteilnehmerin weist in der Folge dennoch detailliert Situationen auf, in der sie mit Übertragung wie auch mit Gegenübertragung in Berührung gekommen ist. Da das Phänomen laut Antworten der Umfrageteilnehmer also häufig vorkommt, hatten die Teilnehmer der Umfrage wenig Schwierigkeiten, den Theorieteil zu verstehen. Sie können jetzt einen Teil ihrer Praxis mit der dargestellten Theorie in Verbindung setzen und kennen in der Folge deren Grundsätze und Hintergrund. Somit ist ein weiteres, auch bewussteres Arbeiten ermöglicht worden.

Anhand der zwei Beispiele lässt sich daher die Hypothese bestätigen, dass die Theorie der Übertragung und Gegenübertragung auf Grundlage bereits vollzogener Erfahrungen leicht verstanden wird.

Das Vorkommen

Übertragung und Gegenübertragung finden in der täglichen Arbeit mit psychisch erkrankten Menschen statt.

Nachdem die erste Hypothese, nach der die Theorie der Übertragung und Gegenübertragung leicht verstanden wird, bestätigt wurde, ist dieses auch eine Hilfe zur Bestätigung der hier genannten Hypothese. Aus allen Fragebögen war ersichtlich, dass Übertragung und Gegenübertragung täglich in der Arbeit stattfinden.

Einer der Befragten bemerkte bspw.:

„Ja, sicherlich kommt das vor. Klienten projizieren ständig Gefühle auf uns bzw. auf andere Klienten."

Ein weiterer erkannte:

„Ich glaube, dass eine solche Sache oft vorkommt. Es ist jedoch so, dass ich die Begrifflichkeit der Übertragung bisher nicht kannte. Dennoch fallen nach kurzer Überlegung doch einige Situationen in den vergangenen Monaten und Jahren auf, wo eine Art Übertragung geschehen ist".

Ein dritter stellte die Übertragungen in seiner Arbeit auf folgende Weise dar:

„In meiner Arbeit werde ich fast täglich von Klienten mit sehr persönlichen, direkten Gefühlen und Erwartungen konfrontiert. Aufgrund der Erfahrung mit den Personen, gibt es viele – mir bewusste – Gegenübertragungen."

In den Fragebögen ergab die Frage nach dem Vorkommen von Übertragung und Gegenübertragung die homogenste Reaktion aller Befragten. So waren alle, die die Definition verstanden hatten, der Meinung, dass zumindest Übertragung in ihrer Arbeit mit den Klienten stattfindet.

Eine Einschränkung war jedoch bei dem Vorkommen der Gegenübertragung zu verzeichnen, bei der nicht alle Befragungsteilnehmer sicher waren, ob diese bereits in ihrer Arbeit vorgekommen ist.

So antwortete einer der Befragten:

„Da bin ich mir nicht zu 100% sicher, ob ich eine Gegenübertragung schon mal auf eine Übertragung folgen lassen habe."

Dennoch kann die Hypothese, das Übertragung und Gegenübertragung in der täglichen Arbeit mit psychisch erkrankten Menschen stattfindet, bestätigt werden. Die Aussagen der Befragungsteilnehmer sind insofern eindeutig, als Übertragungen wie auch Gegenübertragungen stattfinden, sie jedoch nicht immer erkannt werden.

Der Umgang

Vorkommende Übertragung und Gegenübertragung wird unbewusst richtig verarbeitet.

Um die Hypothese, dass vorkommende Übertragung und Gegenübertragung unbewusst richtig verarbeitet wird, stärken oder widerlegen zu können, bedarf es der Definition, was „richtig verarbeitet" bedeutet:

Zur "richtigen" Verarbeitung einer Übertragung sind grundsätzlich drei Schritte notwendig.

1. Erkennen einer Übertragung.
2. Eindämmung der Übertragungen. (bspw. durch Gegenübertragung)
3. Professionelle Aufarbeitung der Inhalte einer vorgegangenen Übertragung.

Was jedoch in den Befragungen deutlich wurde, ist, dass der dritte Schritt nicht bewältigt wurde. Nur dieser würde allerdings eine langfristige Linderung der Störung sicherstellen.

Ein Befragter schilderte seine Sichtweise auf diese Weise:

„Ein Klient fällt mir dazu ein, der häufig Übertragung durchführt. Jener ist mind. 10 Jahre jünger als ich, macht mir gegenüber häufig eindeutigere Angebote (dieses hat er nach eigenen Angaben auch schon bei einer früheren Kollegin meines Alters versucht), bzw. erwartet stärkere Gefühle und zeigt dann eher kindliches Verhalten. Seine familiären Verhältnisse und vor allem seine Kindheit sind durch Unzuverlässigkeit, Pflegefamilie, fehlende Anerkennung durch die leiblichen Eltern, mangelndem Respekt, fehlende/mangelnde Liebe und Zuneigung geprägt."

Dieses Beispiel zeigt, dass ein grundsätzliches Verständnis der Situation vorausgehen muss, bevor interveniert und Gegenübertragung bewusst zur Beendigung dieser Situation hilfreich angewandt werden kann.

Dieselbe Befragte ergänzt dazu:

„Um ihm dieses Problem aufzuzeigen, muss ich häufiger mit Gegenübertragung arbeiten, und ihm meine Gefühle und meine Erwartungen klar zu machen und mich abzugrenzen. Diese Szenen wiederholen sich und scheinen für ihn sehr schwer verständlich zu sein. Eine klare Abgrenzung ist in diesen Situationen angezeigt und ein Darlegen meiner Gefühle, um ihm immer wieder vor Augen zu halten, dass er von mir keine elterlichen und auch keine partnerschaftlichen Gefühle erwarten kann."

Zu dieser Reaktionsweise, die sich in allen Fragebögen mit Beispielen findet, lässt sich sagen, dass eine wirklich adäquate Verarbeitung noch nicht stattgefunden hat. Bei keinem Beispiel ist erkennbar, dass die Situationen und die Übertragungen des Klienten mit diesem selbst aufgearbeitet wurden und somit zur Verarbeitung und Besserung beigetragen haben. Die Sozialarbeiter unterbinden die Situationen mit klar formulierten Ansagen, was einen Interventionsschritt darstellt, der grundlegend ist. Doch keiner der Befragten geht über diese grundlegenden Klarstellungen und Abgrenzungen hinaus.

Somit lässt sich die Hypothese, dass vorkommende Übertragung und Gegenübertragung unbewusst richtig verarbeitet wird, widerlegen. Es liegen offenbar Fälle von Übertragungen vor, die zwar bewusst wahrgenommen werden, auf die aber zu kurz greifende Formen der Intervention folgen.

Wirkliche Hilfe in Sinne einer Eindämmung der Übertragungen des Klienten würde nur eine professionelle Aufarbeitung bringen, die schon auf Grund fehlender Kenntnis dieser Notwendigkeit nicht möglich ist.

Vorkommende Übertragung und Gegenübertragung wird nicht reflektiert.

Die Hypothese, das vorkommende Übertragung und Gegenübertragung nicht reflektiert wird, ist provokant. Kann ein Phänomen, das vorher nicht wirklich als solches bekannt war (Übertragung – Gegenübertragung), überhaupt reflektiert werden?

Aus den Fragebögen der Befragungsteilnehmer geht hervor, dass ein solches Reflektieren häufig geschieht, wenn auch offensichtlich nicht immer unter dem Bewusstsein, dass es sich bei dem Gegenstand der Überlegungen um Übertragungen oder Gegenübertragungen handelt.

Hierzu antwortet ein Befragter:

„Man spricht schon über gewisse Andeutungen oder das auffallende Verhalten von Klienten und deren möglichen Bedeutungen. Von daher findet schon eine Reflektion statt. Dieses geschieht innerhalb der Teamsitzungen.“

Ein weiterer gibt an:

„Aufgrund der Erfahrung mit den Personen, gibt es viele – mir bewusste – Gegenübertragungen. Diese versuche ich natürlich bewusst zu gestalten und auch zu reflektieren. Es ist durch den direkten, intensiven Kontakt zwar nicht immer so einfach, aber ich versuche schon in Gesprächen mit Kollegen z.B. dieses näher zu betrachten und eventuell bei nächster Gelegenheit bewusster zu reagieren.“

Aus den Auszügen ist erkennbar, dass in sozialen Einrichtungen in Teamsitzungen und unter Kollegen im Allgemeinen viel Gedankenaustausch und Reflektion stattfindet. Ob ein solches Forum nun explizit das Vorkommen von Übertragung zum Anlass hat oder alltägliche Routine ist, ist zunächst irrelevant, wenn Ernsthaftigkeit und professionelles Vorgehen gegeben sind.

In beiden Versionen des Reflektierens ist eine ernsthafte Auseinandersetzung mit dem Verhalten und damit den etwaigen Problemfeldern des Klienten gewährleistet und lässt eine gute Reflektion gelingen, die in der Folge mögliche Problemlösungen herbeiführen kann.

Es lässt sich erkennen, dass in Einrichtungen häufig reflektiert wird und mögliche Lösungswege für Probleme gemeinsam erarbeitet werden. Unter diese fallen auch aufkommende Übertragungen und Gegenübertragungen, womit die Hypothese, dass vorkommende Übertragung und Gegenübertragung nicht reflektiert werden, widerlegt werden kann.

Die Ausbildung

Psychoanalytische Grundlagen werden als Teil des Studiums der Sozialen Arbeit gewünscht.

Wie zuvor schon angedeutet, ist lässt sich die Hypothese, dass psychoanalytische Grundlagen als Teil des Studiums der Sozialen Arbeit gewünscht werden, recht eindeutig erhärten.

Aus den Fragebögen lässt sich erkennen, dass sich die Befragungsteilnehmer im Laufe der Fragen bewusst werden, dass ihnen der theoretische Hintergrund zu einem Phänomen fehlt, mit dem sie täglich in Berührung kommen und das durchaus wahrgenommen und versuchsweise reflektiert wird.

Ein Befragter gibt hierzu an:

„Ich denke, dass Psychoanalyse wohl ins Studium eingebunden werden sollte. Wenn ich sehe, dass ich Dinge, die jeden Tag um mich herum geschehen, nicht richtig deuten kann, so frage ich mich, warum dieses der Fall ist. Durch eine Einbeziehung des Themas in das Studium könnten diese doch manchmal erschreckenden Wissenslücken hoffentlich geschlossen werden.“

Ein anderer schreibt:

„Meiner Meinung nach ist es schon wichtig seine Gefühle besser einordnen zu können, um professionell agieren zu können. Die Psychoanalyse sollte – aus meiner Sicht – schon ein Bestandteil des Studiums sein, um sich und seine Reaktionen und die der Klienten besser einschätzen zu können, und auch, um sich das Thema Nähe und Distanz zu Klienten stets zu verdeutlichen.“

Aus diesen Beispielauszügen der Fragebögen lässt sich auch auf Grund fehlender Negativstimmen nur ein Schluss ziehen: Eine Ausbildung in psychoanalytischen Grundlagen ist bei Sozialarbeitern mit Arbeit in Einrichtungen für psychisch erkrankte Menschen durchaus erwünscht und würde diesen helfen, Übertragungen sowie Gegenübertragungen leichter als solche zu erkennen, adäquater darauf zu reagieren und sie bestmöglich zu reflektieren.

Somit wird die Hypothese, dass psychoanalytische Grundlagen als Teil des Studiums der Sozialen Arbeit gewünscht werden, bestätigt.

Es lässt sich für dieses Kapitel nun folgendes festhalten:

Die Theorie von der Übertragung und Gegenübertragung nach Freud wird auf Grundlage der Erfahrungswerte von Sozialarbeitern leicht nachvollzogen, auch wenn ein explizites Wissen um diese Theorie zuvor nicht gegeben war. Demgemäss ist das Vorkommen der Phänomene Übertragung und Gegenübertragung in der Sozialen Arbeit bestätigt worden. Widerlegt wurde die Hypothese, dass vorkommende Übertragungen und Gegenübertragungen unbewusst richtig verarbeitet werden. Hier greift die Intervention zu kurz. Widerlegt wurde ebenfalls die Hypothese, nach der vorkommende Übertragung und Gegenübertragung nicht reflektiert wird. Es wurde ersichtlich, dass innerhalb der Teams in den Einrichtungen sehr wohl und viel reflektiert wird und selbstverständlich auch die Erfahrungen mit Übertragungsprozessen hier mit einbezogen werden.

Als letzter Punkt wurde herausgestellt und belegt, dass die Vermittlung von psychoanalytischen Grundlagen als Teil des Studiums der Sozialen Arbeit gewünscht werden. Sie könnten dabei helfen, vorkommende Übertragungen oder Gegenübertragungen leichter als solche zu erkennen und in der Folge adäquater darauf zu reagieren.

6. Misslingende Übertragung und Gegenübertragung am Beispiel Breuer

Nachdem nun Übertragungen und Gegenübertragungen erklärt und in Beispielen näher definiert wurden sowie das Vorhandensein der Phänomene einerseits und das Fehlen einer in dieser Hinsicht angemessenen Ausbildung andererseits verdeutlicht wurde, soll nun noch eine mögliche Gefahr dargestellt werden.

Wird eine Übertragung oder Gegenübertragung nicht erkannt oder gar falsch verstanden, so kann dies für die Beziehung der beteiligten Personen zu großen Problemen führen.

In diesem Kapitel werden anhand eines Beispiels die Folgen für die Patientin, die Folgen für den Analytiker und die Folgen für die Beziehung, das Gespräch und die Therapie zwischen Patient und Analytiker aufgewiesen.

Als misslungene Übertragung oder Gegenübertragung wird eine Situation definiert, in der eine Übertragung seitens des Klienten oder eine Gegenübertragung seitens des Sozialarbeiters stattgefunden hat, diese nicht erkannt und zum Guten verwendet wurde und dadurch dem Klienten nicht geholfen werden konnte.

Sozialarbeiter sowie auch der Klient tragen, noch bevor sie sich das erste Mal treffen, bestimmte Erwartungen an das jeweilige Gegenüber heran. Solche Beziehungsmuster werden, wie am Anfang der Arbeit beschrieben, von der Vergangenheit geprägt und auf die Gegenwart übertragen.

Diese Übertragung von Gefühlen beeinflusst jede neue Beziehung darin,

1. wie wir neue Situationen wahrnehmen
2. wie wir sie deuten und

3. wie wir sie beeinflussen.[49]

Scheitert eine Zusammenarbeit zwischen Sozialarbeiter und Klient auf Grund einer misslungenen Übertragung oder Gegenübertragung, so hat das vielerlei mögliche Gründe und eine bedeutende Auswirkung auf die Beziehung zwischen Sozialarbeiter und Klient sowie auf deren Ziele.

Welche Möglichkeiten des Scheiterns konkret vorkommen können und welche Folgen das Scheitern für den Klienten, den Sozialarbeiter und für die Beziehung und mögliche Therapie haben kann, wird anhand eines konkreten Beispieles erläutert.

6.1. Das Beispiel Breuer

Für eine misslungene Übertragung wird im Folgenden ein Beispiel dargestellt, das Freud selbst in seinem näheren Umfeld widerfahren ist. Es handelt sich um eine Übertragung, die seinem Therapeutenfreund Breuer während der Therapie einer seiner Patientinnen während der Jahre 1880-1882 geschah.[50] Die Patientin verliebte sich in ihren Therapeuten Breuer. Dies war zu der Zeit scheinbar nichts Ungewöhnliches, denn auch in Freuds Unterlagen aus der Zeit um 1880 herum finden sich einige Aufzeichnungen, in denen er dies andeutet und Übertragung als Ursache annimmt.

Bedeutend bei diesem Fall ist nun jedoch, dass der Therapeut auf die fehlgeleitete Zuneigung seiner Patientin an-

---

[49] Gosling, R. What is transference? The Psychoanalytic Approach, 1968, in: Salzberger-Wittenberg, Isca, Die Psychoanalyse in der Sozialarbeit, Ernst Klett Verlag, 1973, Stuttgart, S. 23

[50] Peters, Uwe Henrik, Übertragung – Gegenübertragung; Geschichte und Formen der Beziehungen zwischen Psychotherapeut und Patient; Grundbegriffe der Tiefenpsychologie, Verlag Kindler Taschenbücher, München, 1997, S. 26

sprach und ein Verhältnis mit dieser begann, was zwischen den Freunden Freud und Breuer für lange Diskussionsabende sorgte, die häufig im Streit der beiden endeten. Freud versuchte Breuer den Gegenstand der Übertragung zu erläutern und drängte ihn, diese abzuwehren, um die Patientin von ihren „falschen“ Empfindungen und deren Problemwirkung heilen zu können.

6.2. Die Folgen für die Patientin

Dass der Therapeut die auf Grund von Übertragung sich einstellende Zuneigung zu ihm nicht abwehrt, sondern annimmt, hat eine Reihe von Folgen für die Patientin. Die gravierendste Folge ist, dass die Therapie nach zwei Jahren nicht erfolgreich war und das eigentliche Problem, nämlich das Unbewusste, das in der Zuneigung zu Breuer zum Tragen gekommen ist, nicht wirklich behandelt werden konnte. Somit wird eine weitere, langwierige Therapie auf die Patientin zukommen. Dieses ist jedoch auch nur unter der Voraussetzung der Fall, dass die pathologische Grundlage der Gefühle erkannt und erneut von einem externen, unabhängigen Therapeuten behandelt wird. Aus diesem Raster fiel auch Freud, weil Freund von Breuer, heraus.

Auch gilt als sicher, dass die Patientin in der nächsten Therapie identisch reagieren wird. Sie hat erlebt, dass ihre unbewussten Gefühle Anklang gefunden haben, auch wenn diese durch die Übertragung den Falschen getroffen haben, denn dieser hat die Emotionen trotz Ausbildung nicht abgewehrt, sondern fatalerweise angenommen. Auf diese Weise kommt es typischerweise zu einem Wiederholungsmuster.

Somit ist zusammenzufassen, dass für die Patientin diese zwei Jahre Therapie ohne Erfolg gewesen sind, denn es ist anzunehmen, dass ihr Hauptproblem nicht behandelt wurde. Breuer hat diese Neigung der Patientin aus dem Unbewussten ins Bewusste geholt, jedoch dann nicht das Hauptproblem behandelt, sondern sich der offensichtlichen, oberflächlichen Lust der Patientin hingegeben.

6.3. Die Folgen für den Analytiker

Was eine misslungene Übertragung für den Analytiker an Folgen mit sich bringt, ist liegt auf der Hand. Anders als der Patient, dürfte er über einen stabilen Charakter verfügen. Dies ist Voraussetzung für seine Position, denn andernfalls wäre er als Analytiker nicht geeignet.

Doch was zunächst unwahrscheinlich klingt, nämlich die Verfehlung der angebrachten Deutung durch den Analytiker, ist zu Zeiten Freuds wie heute ein durchaus nicht seltenes Phänomen. Als Folge von misslungener Übertragung oder Gegenübertragung begehen Analytiker Fehler, die im Rahmen der Therapie immer mehr zu einer Art Fessel werden, die der Beziehung zwischen den beiden beteiligten Personen die Luft nimmt.

Für den Analytiker bedeutet das beschriebene Verhältnis mit der Patientin, dass er sich in erster Linie einer Illusion hingibt und die Situation ausnutzt. Die Zuneigung, die ihm zuteil wird, gilt nicht ihm, sondern ist ein Gefühl, das lange Zeit im Unbewussten der Patientin lag und von ihm richtigerweise zutage gefördert wurde. Die Problematik, die diesem Gefühl innewohnt, hat der Analytiker missachtet. So ist zu sagen, dass der Therapeut seinem Beruf und damit seiner Aufgabe, Menschen mit unbewussten Problemen Erleichterung zu verschaffen, nicht mehr gerecht wird und somit auch nicht mehr im Sinne eines zuverlässigen Therapeuten handelt. Das Erlebnis, dass eine Patientin sich Hals über Kopf in ihn verliebt, scheint in diesem Moment so positiv überwältigend, dass er sich keine Gedanken mehr darüber macht, die Therapie fortzusetzen und an der Lösung der Probleme der Patientin weiter zu arbeiten.[51]

Zusammenzufassen ist hier, dass die Affäre mit der Patientin für den Analytiker bedeutet, dass er im Sinne des Therapeuten nicht richtig gehandelt hat und somit das unbewusste Leiden der Patientin nicht gelindert, sondern vermehrt hat, denn diese weiß nun aller Voraussicht nach noch weniger mit ihren Gefühlen umzugehen als zuvor. Er hat sein Ziel verfehlt und findet sich nun in einer Beziehung wieder, die hinsichtlich der Aufrichtigkeit der Gefühle oberflächlicher nicht sein könnte, aber dennoch dankend angenommen wird. Ebenso bleibt die Legitimität einer Beziehung zu seiner Patientin zu klären.

6.4. Die Folgen für die Beziehung, die Therapie sowie das Gespräch zwischen Patientin und Analytiker

Um die Folgen für die Therapie in diesem Fall besser darstellen zu können, bietet es sich an, die Therapiebeziehung zwischen Breuer und seiner Patientin vor dem Beginn der Affäre darzulegen.

Die Beziehung der beiden war vor Beginn der Affäre eine typische, d.h. von einer Beschaffenheit, wie sie zwischen Therapeut und Patient normal ist. Die Patientin kommt zu der Therapie, hat ein unbewusstes Problem und sucht durch den Therapeuten Heilung. Der Therapeut nimmt sich der Patientin an, es folgen in diesem Fall über zwei Jahre lang Therapiestunden, in denen einige der Probleme aufgearbeitet werden, und es entsteht eine Teillinderung dieser.

---

[51] Peters, Uwe Henrik, Übertragung – Gegenübertragung; Geschichte und Formen der Beziehungen zwischen Psychotherapeut und Patient; Grundbegriffe der Tiefenpsychologie, Verlag Kindler Taschenbücher, München, 1997, S. 26

Bis hierhin gestaltet sich ein normales Verhältnis zwischen einem Therapeuten und seiner Patientin, auch mit der typischen Hierarchie, in der der Therapeut deutlich über der Patientin steht. Doch nach dem Beginn dieser Affäre oder Beziehung ändert sich eben diese Hierarchie und damit auch der Blick des Therapeuten auf die Problemlage der Patientin. Er stellt sich nahezu gleich mit ihr, das heißt, er verlässt die ihm gebotene hierarchische Position und damit letztlich auch seinen Expertenstatus. Mit dem Verlassen des Expertenstatus ist er nun nicht mehr in der Lage, der Patientin bei der Lösung ihrer Probleme zu helfen.

Die Beziehung hat sich von einer therapeutischen zu einer partnerschaftlichen gewandelt und ist augenscheinlich zwar intensiv, tiefgründig jedoch auf vollkommen fehlgeleitete Gefühle seitens der Patientin aufgebaut. Die Beziehung der beiden zerstört so die Therapie und damit die Möglichkeit einer Heilung der Patientin.

Was in diesem Beispiel anhand von Therapeut Breuer und seiner Patientin deutlich werden kann, ist die Tatsache, dass sich Therapeuten wie auch Analytiker allgemein ihres Expertenstatus, den sie normalerweise inne haben, bewusst sein müssen und sich ebenso bewusst sein müssen, dass sie diesen nicht ausnutzen oder missbrauchen dürfen. Breuer hat dies vermutlich nicht wissentlich getan, doch hat er damit jede Erfolgsaussicht einer Therapie, die schon über zwei Jahre andauerte und gerade zu dem eigentlichen Problem der Patientin vorgestoßen war, zunichte gemacht. Somit lässt sich für die Analytiker und Therapeuten die Verpflichtung herausstellen, sich immer wieder selbst wie auch ihre Beziehungen zu Klienten und Patienten zu reflektieren und diese in richtige Bahnen zu lenken, sobald sie drohen in eine andere, nicht vorgesehene, abzudriften.

7. Die Legitimität des Eingehens auf Freudsche Übertragungen im Rahmen Sozialer Arbeit

Um der Frage nachzugehen, ob ein Eingehen auf Freudsche Übertragungen im Rahmen Sozialer Arbeit legitim ist, kann ein Zitat hinzugezogen werden. Peters schrieb über das Vorkommen von Übertragungen außerhalb des streng therapeutischen Settings:

„Für sie alle den Ausdruck „Übertragung" zu verwenden, hieße das Spezielle gerade der analytischen Situation zu verwischen."[52]

Peters tritt somit nicht nur für die Profession des Therapeuten und für die Psychoanalyse als eigenständige Profession mit Expertenstatus ein, sondern er koppelt das von Freud beschriebene Phänomen der Übertragung auch untrennbar an den Hintergrund einer tiefenpsychologischen Therapie. Demnach kommt eine Übertragung (oder Gegenübertragung) im eigentlichen Sinne ausschließlich im Rahmen einer professionellen Psychoanalyse vor.

Doch so wenig offensichtlich der Zusammenhang zwischen Psychoanalyse und Sozialer Arbeit auch zunächst erscheinen mag, so eindeutig lassen sich doch Thesen aufstellen, die es legitim erscheinen lassen, nicht nur die Begrifflichkeit, sondern auch den Umgang mit dem Phänomen auf Bereiche der Sozialen Arbeit zu übertragen.

Zunächst einmal sei darauf hingewiesen, dass eine Übertragung und ebenso auch eine Gegenübertragung nicht immer planbar ist, sondern oft spontan geschieht.

In Kapitel 3 wurde definiert, dass Übertragungen geschehen, wenn Unbewusstes wieder ins Bewusstsein rückt. Es

52 Peters, Uwe Henrik, Übertragung – Gegenübertragung; Geschichte und Formen der Beziehungen zwischen Psychotherapeut und Patient; Grundbegriffe der Tiefenpsychologie, Verlag Kindler Taschenbücher, München, 1997, S. 11

ist nicht belegt, dass dies nur in einem dafür vorgesehen Setting geschehen kann. Demnach muss auch die alltägliche Arbeit von Sozialarbeitern und Personen in vergleichbaren Positionen als potentieller Ort für das Vorkommen von Übertragungen berücksichtigt werden.

Zudem ist das Handwerkszeug, das sich zur Behandlung einer stattfindenden Übertragung eignet, durchaus nicht ausschließlich psychoanalytischer Natur. Ist das Unbewusste erst einmal erkannt worden, so ist es an dem Analytiker, einen Zugang zu dem Ursprung des Problems zu finden. Dass dies auch in Gesprächen zwischen Sozialarbeiter und Klient geschehen kann und auch zielgerichtet stattfindet, ist ein Fakt, der von Psychoanalytikern gern ignoriert wird. Damit wird die Profession des Sozialarbeiters tendenziell verkannt, kann sie sich doch in ihrer Zielrichtung teilweise gänzlich mit der des Psychoanalytikers decken.

Selbst im Bereich der Methodik sind Überschneidungen offenkundig: Das Vorgehen der zielgerichteten Gesprächsführung ist ein wesentlicher Bestandteil sozialer wie psychoanalytischer Arbeit. Somit muss auch auf Seiten der Sozialarbeiter die Fähigkeit vorausgesetzt werden, Ursprünge von Verhaltensweisen ausfindig zu machen.

Diese Thesen lassen den Schluss zu, dass ein bewusstes Eingehen auf Übertragungen wie auch Gegenübertragungen im Rahmen professioneller Sozialer Arbeit legitim ist. Die Realität zeigt, dass täglich Übertragungen und Gegenübertragungen außerhalb des therapeutischen Settings geschehen. So werden in solchen Situationen Menschen in den verschiedensten Zusammenhängen vor die Schwierigkeit gestellt, mit dem Phänomen umzugehen und das Wesen der Übertragung richtig zu deuten, adäquat zu behandeln oder aber den Fall gegebenenfalls an einen ausgebildeten Psychologen weiterzugeben.

Denn trotz der hier verfochtenen Legitimität eines Umgang mit einem Phänomen, das eigentlich vor einem streng psychoanalytisch-therapeutischen Hintergrund beschrieben wurde, sei nicht vergessen, dass der Sozialarbeiter auf diesem Gebiet zwar einige Kompetenz, nicht aber den Expertenstatus des Psychoanalytikers aufweisen kann. Ausnahmen (siehe Beispielfall Breuer) bestätigen hier natürlich einmal mehr die Regel.

8. Fazit und Ausblick für die Soziale Arbeit

An dieser Stelle soll der Versuch eines Fazits aus den dargestellten Sachverhalten und Thesen unternommen werden. Zudem soll ein Ausblick auf Entwicklungen innerhalb der Sozialen Arbeit die hiesigen Möglichkeiten eines Umgangs mit dem psychoanalytischen Modell der Übertragung und Gegenübertragung aufzeigen.

Es wurden zunächst einige Grundannahmen der Psychoanalyse sowie deren Berührungspunkte mit der Sozialen Arbeit dargestellt. Die prinzipielle Möglichkeit des Auftretens von Übertragungen und Gegenübertragungen in Teilbereichen beider Disziplinen wurde als ein Berührungspunkt herausgestellt. Das von Freud beschriebene Phänomen der Übertragung und Gegenübertragung wurde in der Folge in einem historischen Abriss näher erläutert und in seiner Bedeutung für die Soziale Arbeit dargestellt. Es wurde deutlich, dass das psychoanalytische Modell der Übertragung und Gegenübertragung nach Freud auch in der Sozialen Arbeit Anwendung findet.

Anschließend wurde im Kapitel über die Anwendbarkeit der Theorie in der Sozialen Arbeit deutlich gemacht, dass ein Arbeitsbündnis zwischen der Sozialen Arbeit und der Psychoanalyse bestehen kann und sollte. Beide Professionen könnten sich in ihrem Handeln und speziell in ihrer Theoriegebung gegenseitig befruchten. Vor allem die Soziale Arbeit würde, wie schon angedeutet, von der Grundsatzlehre der Psychoanalyse profitieren und ihren Handlungsspielraum vergrößern. Potentielle Probleme in der Zusammenarbeit, zurückgehend auf wechselseitige Vorurteile und Animositäten, wurden ebenso erörtert wie mögliche Anwendungsgebiete psychoanalytischer An- bzw. Grundsätze innerhalb der Sozialen Arbeit.

Um die Kenntnisse der Theorie von Übertragung und Gegenübertragung sowie das tägliche Vorkommen des Phänomens und auch dessen Behandlung in der Praxis von Sozialarbeitern zu untersuchen, wurde eine Umfrage unter Sozialarbeitern in Einrichtungen für psychisch erkrankte Menschen vorgenommen. Die wichtigsten Erkenntnisse aus dieser Umfrage waren 1. die weitgehende Unbekanntheit des Ansatzes unter den Befragungsteilnehmern, 2. das bestätigte Vorkommen von Übertragungen und Gegenübertragungen im Rahmen der Sozialen Arbeit, 3. die oft inadäquate Reaktion von Sozialarbeitern auf vorkommende Übertragungen und Gegenübertragungen sowie 4. der Wunsch der Sozialarbeiter nach einer in dieser Hinsicht optimierten Ausbildung.

Im Kapitel über misslungene Übertragung und Gegenübertragung wurde anhand des Beispiels Breuer dargestellt, wie ein inadäquater Umgang mit Übertragungsprozessen der Beziehung, der Therapie und dem Gespräch zwischen Therapeut und Patientin schaden kann. Es wurde deutlich, dass auch dem Therapeuten (und Experten) Fehler unterlaufen können und dies, wenn es unreflektiert und damit unbeachtet bleibt, der Patientin erheblich schaden kann.

Im folgenden Kapitel wurde dargelegt, dass der bewusste und zielgerichtete Umgang mit Prozessen von Übertragung innerhalb der Sozialen Arbeit legitim sein muss. Dies ist unter anderem belegt worden durch den Umstand, dass Sozialarbeiter auf Übertragungen und Gegenübertragungen im Rahmen ihrer Arbeit offenbar oft unbewusst richtig reagieren.

Als Fazit sowohl der dargestellten theoretischen Gesichtspunkte als auch der Resultate der empirischen Erhebung kann festgehalten werden, dass Sozialarbeiter (wie alle, die ständig in professioneller Interaktion mit „Schutzbefohlenen“ innerhalb einer sozialen Einrichtung stehen) einen Einblick in die psychoanalytische Theorie der Übertragung und Gegenübertragung nach Sigmund Freud bekommen sollten. Unstrittig ist, dass nur Teilaspekte der Tiefenpsychologie und Psychoanalyse in die Ausbildung eines Sozialarbeiters einfließen können. Doch das Angebot von Fortbildungen oder Lehrveranstaltungen zu dem hier in den Fokus genommenen Aspekt (Übertragung und Gegenübertragung) erscheint sehr sinnvoll.

Eine solche Zusatzqualifikation würde verhindern, dass Übertragungen, die im Alltag oder im täglichen Berufsleben der Sozialarbeiter geschehen unbemerkt und zwangsläufig auch unbehandelt bleiben. Dabei sind diese unbewussten Gefühle oder Neigungen zu wichtige Aspekte des Wesens der betroffenen Person als dass sie, endlich ins Bewusstsein gerückt, nicht beachtet werden und wieder im Unterbewusstsein verschwinden sollten, wo sie den Menschen weiterhin belasten.

Dies legt den Schluss nahe, eine grundlegende Kenntnisvermittlung zum Wesen von Freudschen Übertragungen und zum Umgang mit diesen als Teil des Studiums der Sozialen Arbeit anzustreben. Eine solcherart geschaffene Kompetenz würde nicht nur Sozialarbeiter, die zukünftig in einer Einrichtung für psychisch erkrankte Menschen arbeiten, besser auf ihre Tätigkeiten vorbereiten, sondern ihnen auch generell die Möglichkeit geben, angemessen auf ihr Umfeld zu reagieren.

Eine Möglichkeit, diese Zusatzqualifikation zu gewährleisten, wäre die stärkere Integration von Lehrveranstaltungen der Psychoanalytik in das Studium der Sozialen Arbeit. Die in diesem Bereich tätigen Dozenten haben eine umfassende Sicht auf die Tätigkeitsfelder und Methoden der

Psychoanalyse und insofern auch auf mögliche Überschneidungen mit Aspekten der Sozialen Arbeit. Auf diese Weise würden Experten solche zentralen Grundannahmen der Psychoanalyse vermitteln, die in der täglichen Sozialarbeit Anwendung finden können und die tatsächliche Anwendung somit auch legitimieren.

Geschieht dies nicht, werden weiterhin nicht nur bedauernswerte Wissenslücken bei Sozialarbeitern fortbestehen, sondern gleichermaßen Interventionsmöglichkeiten in der direkten Arbeit mit Menschen ungenutzt bleiben.

Literaturverzeichnis

Buchquellen:

- **Bettighofer, Siegfried**, (2004). Übertragung und Gegenübertragung im therapeutischen Prozess. Auflage 3., Stuttgart: Kohlhammer

- **Breuer, Josef; Freud, Sigmund**, (1991). Studien über Hysterie. Auflage 6, Frankfurt a. M.: Fischer

- **Freud, Sigmund**, (1943). Vortrag: Zukünftige Chancen der psychoanalytischen Therapie. In: Psychotherapeut 47, Heidelberg: Springer

- **Freud, Sigmund**, (1997). Abriss der Psychoanalyse. Frankfurt a. M.: Fischer

- **Freud, Sigmund**, (2005). gesammelte Werke, Band I, Werke aus den Jahren 1892- 1899. Auflage 7. Frankfurt a. M.: Fischer

- **Freud, Sigmund**, (2005). gesammelte Werke, Band VIII, Werke aus den Jahren 1909-1913. Auflage 7. Frankfurt a. M.: Fischer

- **Freud, Sigmund**, (2005). gesammelte Werke, Band XI, Vorlesungen zur Einführung in die Psychoanalyse. Auflage 7. Frankfurt a. M.: Fischer

- **Freud, Sigmund**, (2005). gesammelte Werke, Band XIII, Jenseits des Lustprinzips und andere Arbeiten aus den Jahren 1920-1924. Auflage 7. Frankfurt a. M.: Fischer

- **Freud, Sigmund**, (2006). Zur Dynamik der Übertragung, Behandlungstechnische Schriften. Frankfurt a. M.: Fischer

- **Gill, Merton M.**, (1996). Die Übertragungsanalyse, Theorie und Technik. Frankfurt a. M .: Fischer

- **Hartkamp, Norbert**, (2002). Persönlichkeitsstörungen: Leitlinie und Quellentext. Leitlinienentwicklung der Fachvertreter für

Psychosomatische Medizin und Psychotherapie. In Abstimmung ... AÄGP, DGPM, DGPT und DKPM. Stuttgart: Schattauer

- **Köhler, Thomas**, (2007). Freuds Psychoanalyse, Eine Einführung. Stuttgart: Kohlhammer

- **König, Karl**, (1993). Gegenübertragungsanalyse. Göttingen: Vandenhoeck & Ruprecht

- **Körner, Jürgen; Ludwig- Körner, Christiane**, (1997). Psychoanalytische Sozialpädagogik. Freiburg: Lambertus

- **Kutter, Peter**, (2000). Moderne Psychoanalyse, Eine Einführung in die Psychologie unbewusster Prozesse. Auflage 3. Stuttgart: Klett- Cotta

- **Müller, Burkhard**, Außensicht-Innensicht, (1995). Beiträge zu einer analytisch orientierten Sozialpädagogik. Freiburg: Lambertus

- **Müller-Pozzi, Heinz**, (2002). Psychoanalytisches Denken, eine Einführung. Bern: Huber

- **Peters, Uwe Henrik**, (1997). Übertragung – Gegenübertragung; Geschichte und Formen der Beziehungen zwischen Psychotherapeut und Patient; Grundbegriffe der Tiefenpsychologie. München: Kindler Taschenbücher

- **Pfadenhauer, Michaela**, (2005). Professionelles Handeln. Wiesbaden: VS Verlag für Sozialwissenschaften

- **Trescher, Hans-Georg; Büttner, Christian**, (1991). Fördernder Dialog: Jahrbuch für psychoanalytische Pädagogik 3. Mainz: Matthias-Grünwald

-

- **Salomon, Alice**, (1925). Vortrag in Berlin. In: Deutsche Mädchenbildung. Erlangen: Harald Fischer

- **Salzberger- Wittenberg, Isca**, (1973) Die Psychoanalyse in der Sozialarbeit. Stuttgart: Ernst- Klett-Verlag

- **Spengler, Katrin; Wagner, Sabine**, (1995) Wenn der Spiegel lebt; Psychoanalytiker sprechen über Gegenübertragung. Ludwigsburg- Berlin: Wissenschaft und Praxis

- **Stemmer-Lück, Magdalena**, (2004). Beziehungsräume in der Sozialen Arbeit, Psychoanalytische Theorien und ihre Anwendung in der Praxis. Stuttgart: Kohlhammer

- **Strauss, Anselm; Corbin, Juliet**, (1996). Grounded Theory: Grundlagen Qualitativer Sozialforschung, Vorwort. Stuttgart: UTB

- **Studienausgabe Ergänzungsband**, Schriften zur Behandlungstechnik. Frankfurt a. M.: Fischer

- **Wieser, M.**, (1994). Szenisches Verstehen. Ein erster theoretischer Erkundungsversuch. In: Psychotherapie Forum 2

Internetquellen:

- August- Aichhorn- Institut, http://www.august-aichhorn-isntitut.de; Perner, Achim. Zugriff am 20.06.2008

- Alice Salomon Fachhochschule, StuPa/AStA http://www.asta.asfh-berlin.de; Prof. Dr. Geißler-Piltz, Brigitte. Zugriff am 20.06.2008

- Institut für Psychoanalyse, Psychoanalyse, http://www.institut-fuer-psychoanalyse.org/psychoanalyse.php; 02.07.2008

- Verein psychoanalytische Sozialarbeit Zürich http://www.vpsz.ch; Zugriff am 03.07.2008

- Übertragung in der Psychoanalyse

http://www.grin.com/e-book/23870/die-uebertragung-in-der-psychoanalyse; Busch, Iris. Zugriff am 05.07.2008

- Psychoanalyse umfasst...
  http://www.therapie.de/psyche/info/glossar/psychoanalyse/; Dr. Bell, Karin; Dr. Buchholz, M.B. . Zugriff am 05.07.2008

- Psychodynamische und tiefenpsychologische Psychotherapie
  http://www.uke.uni-hamburg.de/studierende/downloads/zg-studierende/psychotherapie_1.ppt; PD. Dr. med. Lindner, Reinhard. Zugriff am 10.07.2008

Anlage

Fragebogen 1

Frage 1:

Haben Sie die Definitionen der Übertragung und Gegenübertragung verstanden?

„Ja."

Frage 2:

Können Sie diese kurz mit eigenen Worten wiedergeben?

„Übertragung und Gegenübertragungen sind Übertragungen von unbewussten Gefühlen, die noch aus früherer Zeit dort sind und nun ausgelebt und auf die aktuelle Person projiziert werden."

Frage 3:

Sind Sie der Meinung, dass Übertragung täglich in Ihrer Arbeit mit Klienten vorkommt?

„Ja, sicherlich kommt das vor. Klienten projizieren ständig Gefühle auf uns bzw. auf andere Klienten."

Frage 4:

Sind Sie der Meinung, dass Gegenübertragung tagtäglich in Ihrer Arbeit mit Klienten vorkommt?

„Gegenübertragung geht ja vom Sozialarbeiter, sprich von mir aus. Da bin ich mir nicht zu 100% sicher, ob ich eine Gegenübertragung schon mal auf eine Übertragung folgen lassen habe. Man hätte sich schon mal mit dem Thema auseinandersetzen sollen, wenn es doch wohl ständig in unserer Arbeit vorkommt."

Frage 5:

Werden eventuell auftretende Übertragungen oder Gegenübertragungen bewusst wahrgenommen und/oder reflektiert?

„Alles, was innerhalb der Einrichtung geschieht, wird reflektiert. Somit auch Übertragungen oder Gegenübertragungen. Das denke ich zumindest. Ob das Behandeln im Team jedoch als „bewusst" einzustufen ist, ist eine andere Sache."

Frage 6:

Wie sehen Sie den Aspekt der Legitimation für Sozialarbeiter/innen? Ist es richtig oder gar zwingend notwendig, dass dieser psychoanalytische Ansatz auch von Sozialarbeiter/innen angewandt wird?

„Wenn es doch tagtäglich in unserer Arbeit vorkommt, sollte es auch legitim sein. Wir können es ja nicht verhindern. Stellt das jemand in Frage?

Die richtige Anwendung und das nötige Wissen sollte jedoch Voraussetzung sein."

Frage 7:

Sind Sie der Meinung, dass Sozialarbeiter/Innen besser in der Fachrichtung Psychoanalyse geschult werden sollten?

„Ich denke, dass Psychoanalyse wohl ins Studium eingebunden werden sollte. Wenn ich sehe, dass ich Dinge, die jeden Tag um mich herum geschehen, nicht richtig deuten kann, so frage ich mich, warum dieses der Fall ist. Durch eine Einbeziehung des Themas in das Studium könnten diese doch manchmal erschreckenden Wissenslücken hoffentlich geschlossen werden.

Dann können auch alle im Team richtig intervenieren und wissentlich und mit Verstand reagieren."

Frage 8:

In welcher Form ist Ihnen Übertragung oder Gegenübertragung einmal bewusst geworden. Beschreiben Sie bitte in Situationsabhängigkeit das Setting.

„Ein gutes Beispiel wäre wohl eine Situation, als eine Klientin in der Einrichtung urplötzlich einem Kollegen Liebesanfälle gepaart mit Erfurcht darbrachte. Das ging soweit, dass sie sich ihm sogar sexuell hingeben wollte. Bei der Reflektierung stellten das Team dann fest, dass die junge Frau in früherer Zeit von ihrem Partner übel zurichtet wurde, aber dennoch bei ihm blieb, bis er für eine Straftat ins Gefängnis musste."

Fragebogen 2

Frage 1:

Haben Sie die Definitionen der Übertragung und Gegenübertragung verstanden?

„Ja, habe ich."

Frage 2:

Können Sie diese kurz mit eigenen Worten wiedergeben?

- Keine Antwort -

Frage 3:

Sind Sie der Meinung, dass Übertragung täglich in Ihrer Arbeit mit Klienten vorkommt?

„Ja, denke ich schon, dass dieses fast täglich in verschiedenen Situationen mit meinen Klienten vorkommt."

Frage 4:

Sind Sie der Meinung, dass Gegenübertragung tagtäglich in Ihrer Arbeit mit Klienten vorkommt?

„Wenn ich genau überlege, kommt es in vielen Situationen schon zur Gegenübertragung durch mich. Ja."

Frage 5:

Werden eventuell auftretende Übertragungen oder Gegenübertragungen bewusst wahrgenommen und/oder reflektiert?

„In meiner Arbeit werde ich fast täglich von Klienten mit sehr persönlichen, direkten Gefühlen und Erwartungen konfrontiert. Aufgrund der Erfahrung mit den Personen, gibt es viele – mir bewusste – Gegenübertragungen. Diese versuche ich natürlich bewusst zu gestalten und auch zu reflektieren. Es ist durch den direkten, intensiven Kontakt zwar nicht immer so einfach, aber ich versuche schon in Gesprächen mit Kollegen z.B. dieses näher zu betrachten und eventuell bei nächster Gelegenheit bewusster zu reagieren."

Frage 6:

Wie sehen Sie den Aspekt der Legitimation für Sozialarbeiter/innen? Ist es richtig oder gar zwingend notwendig, dass dieser psychoanalytische Ansatz auch von Sozialarbeiter/innen angewandt wird?

„Ich finde schon, dass dieser Ansatz auch von Soz.Arb. angewandt werden sollte, da es häufig – aus meiner Erfahrung – Situationen gibt, in denen Übertragungsgefühle, z.B. durch Leid in der Kindheit/Jugend, Vernachlässigung, Gewalterfahrung, vorherrschen. Jeder Soz.Arb. sollte sich regelmäßig klar machen, dass viele Gefühle der Klienten nicht ihn persönlich betreffen, sondern aus früheren Erfahrungen resultieren und man diesen mit den eigenen persönlichen Gefühlen entsprechend kommentiert."

Frage 7:

Sind Sie der Meinung, dass Sozialarbeiter/Innen besser in der Fachrichtung Psychoanalyse geschult werden sollten?

„Meiner Meinung nach ist es schon wichtig seine Gefühle besser einordnen zu können, um professionell agieren zu können. Die Psychoanalyse sollte – aus meiner Sicht – schon ein Bestandteil des Studiums sein, um sich und seine Reaktionen und die der Klienten besser einschätzen zu können, und auch, um sich das Thema ´Nähe und Distanz zu Klienten` stets zu verdeutlichen."

Frage 8:

In welcher Form ist Ihnen Übertragung oder Gegenübertragung einmal bewusst geworden. Beschreiben Sie bitte in Situationsabhängigkeit das Setting

„Ein Klient fällt mir dazu ein, der häufig Übertragung durchführt. Jener ist mind. 10 Jahre jünger als ich, macht mir gegenüber häufig eindeutigere Angebote (dieses hat er nach eigenen Angaben auch schon bei einer früheren Kollegin, meines Alters versucht), bzw. erwartet stärkere Gefühle und zeigt dann eher kindliches Verhalten. Seine familiären Verhältnisse und vor allem seine Kindheit sind durch Unzuverlässigkeit, Pflegefamilie, fehlende Anerkennung durch die leiblichen Eltern, mangelndem Respekt, fehlende/mangelnde Liebe und Zuneigung geprägt. Mir fällt häufig auf, dass er durch sein sexualisiertes Verhalten scheinbar Zuneigung, Anerkennung und Verständnis durch eine „Autoritätsperson" erwartet, da er dieses Verhalten nicht bei anderen – jüngeren – Klientinnen zeigt. Um ihm dieses Problem aufzuzeigen, muss ich häufiger mit Gegenübertragung arbeiten,

und ihm meine Gefühle und meine Erwartungen klar zumachen und mich abzugrenzen. Diese Szenen wiederholen sich und scheinen für ihn sehr schwer verständlich zu sein. Eine klare Abgrenzung ist in diesen Situationen angezeigt und ein darlegen meiner Gefühle, um ihm immer wieder vor Augen zu halten, dass er von mir keine elterlichen und auch keine partnerschaftlichen Gefühle erwarten kann."

Fragebogen 3

Frage 1:

Haben Sie die Definitionen der Übertragung und Gegenübertragung verstanden?

„Ja, habe ich verstanden."

Frage 2:

Können Sie diese kurz mit eigenen Worten wiedergeben?

„Ja, kann ich. Bei dem Ansatz der Übertragung und Gegenübertragung dreht es sich um unbewusste Emotionsübertragungen entweder vom Klienten auf den Sozialarbeiter oder umgekehrt. Die Emotionen sind dabei Emotionen, die aus früheren Tagen noch nicht verarbeitet wurden."

Frage 3:

Sind Sie der Meinung, dass Übertragung täglich in Ihrer Arbeit mit Klienten vorkommt?

„Wenn ich die Definition wirklich richtig verstanden habe, kommt dieses häufiger vor."

Frage 4:

Sind Sie der Meinung, dass Gegenübertragung tagtäglich in Ihrer Arbeit mit Klienten vorkommt?

„Siehe Frage 3"

Frage 5:

Werden eventuell auftretende Übertragungen oder Gegenübertragungen bewusst wahrgenommen und/oder reflektiert?

„Es finden Teamsitzungen statt, in denen das Verhalten jedes Klienten dargestellt und reflektiert wird. Darin eingeschlossen sind natürlich auch Verhaltensweisen, die für Übertragungen typisch sind. Also lässt sich sagen, dass Übertragungen schon reflektiert werden, wenn auch nicht immer unter entsprechendem Kontext."

Frage 6:

Wie sehen Sie den Aspekt der Legitimation für Sozialarbeiter/innen? Ist es richtig oder gar zwingend notwendig, dass dieser psychoanalytische Ansatz auch von Sozialarbeiter/innen angewandt wird?

„Wieso sollen wir etwas, was Teil unserer Arbeit ist, und das ja eigentlich jeden Tag, nicht anwenden dürfen. Was man hier sieht ist doch einfach, dass das Bewusstsein ein wenig fehlt. Dennoch denke ich, das man uns Pädagogen nicht einer Arbeitsweise berauben sollte, die wir sowieso schon anwenden, auch wenn sie nicht von uns dargestellt wurde."

Frage 7:

Sind Sie der Meinung, dass Sozialarbeiter/Innen besser in der Fachrichtung Psychoanalyse geschult werden sollten?

„Auch dazu verweise ich an Frage 6. Eine bessere Schulung würde dem Bewusstsein des Vorkommens und der genaueren Reflektierung dienen. Von daher wäre es sinnvoll, ja."

Frage 8:

In welcher Form ist Ihnen Übertragung oder Gegenübertragung einmal bewusst geworden. Beschreiben Sie bitte in Situationsabhängigkeit das Setting

„Es kommt eigentlich oft genug vor. Zum Beispiel Übertragung. Ohne eine bestimmte Situation nennen zu wollen, kann man sagen, dass jede Woche jemand unserer Klienten Emotionen auf uns projiziert, von denen wir wissen, dass sie aus der „schlechten" Kindheit her rühren. Es ist nicht von Wichtigkeit, wo genau so was stattgefunden hat, sondern zu erkennen, warum es stattgefunden hat."

Fragebogen 4

Frage 1:

Haben Sie die Definitionen der Übertragung und Gegenübertragung verstanden?

„Ja, ist verstanden."

Frage 2:

Können Sie diese kurz mit eigenen Worten wiedergeben?

„Emotionen und Gefühle werden bei der Übertragung von einem Klienten auf einen Therapeuten oder hier auch auf einen Sozialarbeiter übertragen. Das kann andauernd geschehen und ist vorher nicht planbar. Bei der Gegenübertragung ist es der Fall, das solche Emotionen oder Gefühle andersherum vom Therapeuten oder Sozialarbeiter auf den Klienten übertragen. Auch dieses ist nicht planbar."

Frage 3:

Sind Sie der Meinung, dass Übertragung täglich in Ihrer Arbeit mit Klienten vorkommt?

„Ich glaube, dass eine solche Sache oft vorkommt. Es ist jedoch so, dass ich die Begrifflichkeit der Übertragung bisher nicht kannte.

Dennoch fallen nach kurzer Überlegung doch einige Situationen in den vergangenen Monaten und Jahren auf, wo eine Art Übertragung geschehen ist".

Frage 4:

Sind Sie der Meinung, dass Gegenübertragung tagtäglich in Ihrer Arbeit mit Klienten vorkommt?

„So wie die Übertragung stattfindet, wird auch die Gegenübertragung stattfinden. Nur ist hier zu sagen, dass es von unserer Seite aus ebenso unbewusst ist, wie die Übertragungen. Da benötigt es, wie die Frage 5 auch fragt, ausreichend Reflektion. Durch ständige Selbstwahrnehmung sollten Gegenübertragung und auch Übertragungen erkennbar sein und deren Herkunft auch erkennbar werden lassen."

Frage 5:

Werden eventuell auftretende Übertragungen oder Gegenübertragungen bewusst wahrgenommen und/oder reflektiert?

„Ja. Siehe Frage 4. Eine Reflektion ist die Grundlage für gutes und professionelles handeln."

Frage 6:

Wie sehen Sie den Aspekt der Legitimation für Sozialarbeiter/innen? Ist es richtig oder gar zwingend notwendig, dass dieser psychoanalytische Ansatz auch von Sozialarbeiter/innen angewandt wird?

„Ich denke schon, dass eine Anwendung legitim ist."

Frage 7:

Sind Sie der Meinung, dass Sozialarbeiter/Innen besser in der Fachrichtung Psychoanalyse geschult werden sollten?

„Sofern sie nicht weitgehend im Studium auf die Arbeit in einem Wohnheim vorbereitet wurden, sollten sie noch ausreichender vorbereitet und geschult werden, das ist klar. Wenn also so ein psychoanalytischer Satz nicht bekannt ist, und dennoch täglich zu geschehen scheint, bin ich für eine bessere Schulung in der Fachrichtung Psychoanalyse."

Frage 8:

In welcher Form ist Ihnen Übertragung oder Gegenübertragung einmal bewusst geworden. Beschreiben Sie bitte in Situationsabhängigkeit das Setting

„Diese Frage möchte ich nicht beantworten. Ich bitte um Verständnis."

<u>**Fragebogen 5**</u>

Frage 1:

Haben Sie die Definitionen der Übertragung und Gegenübertragung verstanden?

„Ja."

Frage 2:

Können Sie diese kurz mit eigenen Worten wiedergeben?

- Keine Antwort -

Frage 3:

Sind Sie der Meinung, dass Übertragung täglich in Ihrer Arbeit mit Klienten vorkommt?

„Übertragungen nach der gegebenen Definition kommen häufig vor. Ich denke das dieses in der doch sehr intensiven Arbeit mit den Klienten nicht zu verhindern ist, ohne dass dieses jetzt negativ klingen soll."

Frage 4:

Sind Sie der Meinung, dass Gegenübertragung tagtäglich in Ihrer Arbeit mit Klienten vorkommt?

„Auch dieses ist in der intensiven Arbeit mit den Klienten nicht zu verhindern, ähnlich der Antwort 3. Wenn es aller-

dings wie in der Definition dargestellt auch ein störender Einfluss sein kann, so gilt es die Gegenübertragungen natürlich möglichst im Zaum zu halten oder sie zumindest gebührend zu behandeln. Das setzt natürlich ein Erkennen voraus.“

Frage 5:

Werden eventuell auftretende Übertragungen oder Gegenübertragungen bewusst wahrgenommen und/oder reflektiert?

„Die Antwort kann als Zusatz zur Antwort 4 genommen werden. Der Grundsatz ist immer, dass Gegenübertragungen wie auch Übertragungen erkannt werden.

Es wird über innerhalb des Teams über vieles gesprochen, so auch über so was. Man spricht schon über gewisse Andeutungen oder das auffallende Verhalten von Klienten und deren möglichen Bedeutungen. Von daher findet schon eine Reflektion statt. Dieses geschieht innerhalb der Teamsitzungen.“

Frage 6:

Wie sehen Sie den Aspekt der Legitimation für Sozialarbeiter/innen? Ist es richtig oder gar zwingend notwendig, dass dieser psychoanalytische Ansatz auch von Sozialarbeiter/innen angewandt wird?

„Ich denke dass wir keine andere Wahl haben als Übertragungen und Gegenübertragungen wahrzunehmen und sie zu behandeln. Würden wir zu diesem nicht mehr berechtigt sein, könnten wir unseren Klienten mit all ihren Problemen,

die sich auch in Übertragungen auswirken, nicht mehr gerecht werden.

Somit stellt sich die Frage nach einer Legitimation für mich erst gar nicht."

Frage 7:

Sind Sie der Meinung, dass Sozialarbeiter/Innen besser in der Fachrichtung Psychoanalyse geschult werden sollten?

„Die Frage nach der Schulung ist schon schwieriger.

Wenn Sozialarbeiter ihr Handwerk so beherrschen wie sie es sollten, dann beherrschen sie auch die ausreichende Wahrnehmung, um Übertragungen oder Gegenübertragungen aufzuspüren und sie entsprechend zu behandeln.

Doch wenn diese Wahrnehmung nicht gegeben ist, muss sie sich wohl selbst beigebracht werden. Allein für dieses wäre zumindest eine Schulung also sehr geeignet wie benötigt."

Frage 8:

In welcher Form ist Ihnen Übertragung oder Gegenübertragung einmal bewusst geworden. Beschreiben Sie bitte in Situationsabhängigkeit das Setting

„Schwierige Frage.

Übertragungen kommen ja wie gesagt häufiger vor. Ein gutes Beispiel dafür ist mir in meiner ersten Zeit hier in der Einrichtung passiert. Ich war gerade neu, da war es von einem Tag auf den anderen so, dass ein Klient, mit dem ich Tage zuvor noch normal gesprochen hatte, mir Aggressionen und Wut entgegenbrachte. Er beschimpfte mich wegen Non-

sens und war auch kurz davor, handgreiflich zu werden. Doch genauso schnell wie diese Wut kam, ging sie auch wieder. Schon in den nächsten Tagen war alles wieder beim alten.

Wir haben die Sache im Team besprochen, jedoch nicht wirklich weiter behandelt. War wohl auch nicht ganz die richtige Arbeitsweise.

Ein Beispiel für Gegenübertragung kann ich hier auf die Schnelle nicht bringen. Außer, das ich sagen kann, dass eine Gegenwut oder so was bei dem obigen Beispiel bei mir nicht der Fall war, ich also hier keine Gegenübertragung hatte."

Danksagung:

Meinem Anleiter und Erstprüfer Prof. Frank Gerlach, der mir mit viel Rat und inhaltlichen Vorschlägen zur Seite stand.

Meiner Zweitprüferin Antje Gronewold, die zu jeder Zeit aufbauende Worte fand.

Meiner Familie, die immer hinter mir stand, besonders jedoch meinem Bruder Heinrich, der Tag und Nacht zur Stelle war und nicht mit Rat geizte.

Meiner Freundin Marina Kriege sowie Andre Vahrenkamp, die sich meiner Arbeit angenommen und meinen Ausführungen Gehör eingeräumt haben.

Mirja Buck und Jennifer Gruchmann, die bei der Arbeit in der Bibliothek stets zum Austausch bereit waren.

Den Einrichtungen für psychisch erkrankte Menschen in Aurich, Cloppenburg und Emden, die Fragebögen für den empirischen Teil dieser Arbeit in Empfang genommen haben.

Ohne diese Menschen wäre diese Arbeit nicht in dem Maße möglich gewesen, wie sie nun vorliegt. Daher danke ich den genannten Personen recht herzlich für ihre Mithilfe.